opuscula philosophica
21

Thomas Reid

DEL PODER

Traducción y notas de Francisco Rodríguez Valls

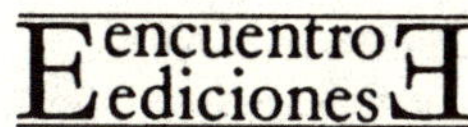

Título original:
Of Power

En: *Philosophical Quarterly* (2001).

© 2005
Ediciones Encuentro, S.A.

Para cualquier información sobre las obras publicadas o en programa y para propuestas de nuevas publicaciones, dirigirse a:
Redacción de Ediciones Encuentro
Cedaceros, 3-2º - 28014 Madrid - Tel. 91 532 26 07
www.ediciones-encuentro.es

En el breve estudio introductorio que voy a realizar no intentaré presentar la filosofía completa de un autor tan rico en matices y tan influyente en ciertos ámbitos como fue Thomas Reid. Con él quiero solamente hacer una llamada de atención hacia una de las carencias que todavía, por fortuna cada vez menos, tenemos en la bibliografía filosófica española. Las buenas traducciones de Reid hasta la fecha son casi inexistentes aunque sé que algunas de ellas van a estar pronto a disposición de los estudiosos en una buena edición. La ausencia de sus obras en castellano implica la necesidad de ir rompiendo el velo del lenguaje para hacer presente en nuestra tradición filosófica, tan abierta por otra parte a tantas otras tradiciones, a un autor mucho más que interesante. También es comprensible esa carencia porque ni siquiera en inglés está todavía realizada la edición crítica de las obras de Reid. Hasta el momento tenemos que conformarnos con la ya antigua edición realizada por Sir William Hamilton. También pronto va a estar realizada esa edición crítica, que están preparando minuciosamente en la Universidad de Aberdeen con la ayuda de los máximos y más expertos conocedores de la Ilustración Escocesa.

A Reid se le considera en muchos lugares sólo como un crítico de Hume. Se les presta atención a sus críticas más que a su pensamiento positivo. Sin embargo, la claridad de su prosa en la mayoría de sus escritos y la fuerza de su pensamiento tienen mucho que aportar a la filosofía. En España tenemos todavía que hacer con Reid lo que han hecho ya en el ámbito anglosajón y lo que hizo Norman Kemp-Smith con Hume [1]: *convertirlo en un autor importante por sí mismo más que por su relación con uno u otro filósofo.*

El trabajo que presento traduce por vez primera al castellano un escrito que fue por vez primera publicado en inglés en enero del año 2001 por la revista Philosophical Quarterly *en una cuidada edición realizada por el profesor John Haldane. Es, por tanto, una novedad que espero que sea bien acogida como tal por el público especializado español.*

El estudio introductorio que voy a realizar sobre ese trabajo va a consistir en cuatro puntos: una reseña biográfica de Thomas Reid, un breve apunte sobre qué se entiende por sentido común en tanto que crítica al escepticismo y sobre la noción de poder, un bosquejo de las influencias que ha tenido Reid en la filosofía moderna y, para acabar, voy a dar algunas notas sobre la edición que presento.

1. Reseña biográfica

Thomas Reid [2] *nació el 26 de abril de 1710 en Strahan, condado de Kincardineshire, a veinte millas de Aberdeen. Su padre, el reverendo Lewis Reid, fue durante cincuenta años pastor de la Iglesia de Escocia en el lugar donde nació su hijo y, según contaba el propio Reid, era un hombre respetado por todos que amaba su profesión y el mundo de las letras. En su familia, llena de vidas consagradas a la religión, abundaron los filósofos y los poetas y algunos de ellos disfrutaron de cargos en las cortes de varios reyes*

---

[1] Me refiero a su magnífica obra *The Philosophy of David Hume*, Macmillan, London 1949.

[2] Para esta reseña biográfica sigo en particular el escrito del discípulo de Reid Dugald Steward publicado en el año 1803 y titulado *Account of the life and writings of Thomas Reid.*

ingleses. Por parte de su madre, Margaret Gregory, también abundaron personajes dedicados al mundo de la ciencia, concretamente de la astronomía y de la matemática, a la que estuvo tan inclinado Thomas Reid durante toda su vida.

Tras pasar dos años en la escuela parroquial de Kincardineshire se le envió a Aberdeen a proseguir estudios y a los doce o trece años entró como estudiante en el Marischal College donde tuvo como profesor al Dr. George Turnbull. Tras concluir sus estudios fue nombrado bibliotecario de la Universidad, cargo que ya había ocupado un ancestro suyo. Allí tuvo la oportunidad de dedicarse con tesón al estudio llevando una vida rodeada de personas interesadas en el conocimiento y con la tranquilidad —teórica al menos— que da vivir en un ambiente académico. En este tiempo hizo amistad con John Steward, que llegó a ser profesor de matemáticas en el Marischal College. Ambos se entregaron a las matemáticas y a la lectura de los Principia *de Newton. En el año 1736 renunció a su puesto y acompañó a Steward a un viaje a Inglaterra: Londres, Oxford, Cambridge, etc. En Cambridge conoció a un matemático ciego llamado Saunderson que fue el que probablemente despertara el interés de Reid por los problemas de la percepción a los que tanta dedicación concederá. La amistad de Reid con Steward duró hasta el año 1766, año en el que éste murió.*

En el año 1737 fue nombrado ministro de la parroquia de New Machar, cerca de Aberdeen. Fue nombrado para esa parroquia por el sistema de patronazgo[3] y, por ello, encontró una fuerte oposición entre los que debían ser sus fieles colaboradores. A pesar del ambiente hostil, la humildad y el carácter dulce de Reid supo ganarse a sus parroquianos, especialmente cuando contrajo matrimonio en 1740 con Elizabeth Reid, hija de su tío George,

---

[3] El sistema de patronazgo consistía en que el propietario de la tierra que cedía el terreno para construir la iglesia tenía derecho a nombrar el ministro. En los tiempos de Reid ejercer ese derecho suponía tener problemas con aquellos que opinaban que el ministro debía ser elegido por la comunidad. Esos problemas llevarán a la Iglesia de Escocia a dividirse en dos bloques.

que ejercía en Londres como médico. La labor que Elizabeth realizó entre los pobres y los enfermos acabaron de conquistar para el reverendo los corazones de todos aquellos que le trataron. El tiempo que estuvo en New Machar también lo aprovechó para examinar con cuidado las leyes de la percepción externa y otros principios cercanos, de los que, más tarde, dará buena cuenta en sus obras principales. En el año 1748 publica su primer escrito: Ensayo sobre la cantidad. *En él critica la idea de Francis Hutcheson, expuesta en la* Investigación de nuestras ideas de belleza y virtud, *de aplicar las matemáticas —ciencia de la cantidad— a lo que no es cuantificable.*

En 1752 fue elegido por los miembros del King's College de Aberdeen como catedrático de filosofía. Esto demuestra la alta consideración en la que era tenido Reid a pesar de haber publicado solamente el escrito que citamos anteriormente. En Aberdeen explicó matemáticas, física, lógica y ética. Fundó allí la Sociedad Filosófica de Aberdeen —el Wise Club—, *que existió durante muchos años sosteniendo encuentros semanales y que tuvo como fruto la publicación de muchos escritos de renombrados autores escoceses. Una de esas obras resultado de la amigable crítica de la sociedad fue la* Investigación sobre la mente humana desde los principios del sentido común, *que no se publicó hasta 1764. Según afirma en la* Investigación, *había comenzado a prepararla en el año 1739 cuando conoció el* Tratado de la naturaleza humana *de David Hume y quiso poner las bases para refutar el escepticismo al que conducía. Antes de su publicación consiguió que Hume, a través de un amigo común, el Dr. Blair, leyera el manuscrito. Según Dugald Steward, Reid fue el primero en aplicar a los estudios de la mente humana la aspiración científica de Francis Bacon. Según su discípulo, Reid fue el que cumplió la intención de Hume de «introducir el método experimental de razonamiento en las ciencias morales». Contrariamente a Hume, Reid estaba familiarizado con la matemática desde pequeño y, por tanto, tenía el conocimiento de la ciencia experimental de los siglos anteriores y por ello fue capaz de aplicarla rigurosamente a la mente humana. En eso radica, de nuevo según su discípulo Dugald Steward, su mayor mérito como filósofo.*

En el año 1763 la Universidad de Glasgow le ofreció la cátedra de filosofía moral que había dejado vacante Adam Smith. Las menores ocupaciones docentes de este puesto, que le dejaban más tiempo para preparar sus escritos, y su mayor retribución le hicieron aceptar. El formidable ambiente intelectual de la Universidad de Glasgow llevó a Reid a una imparable tarea de pensamiento sobre la mente humana y los principios de la moral así como a temas de política que defendió ante sus amigos. Incluso, siendo catedrático y con cincuenta y cinco años, llegó a asistir a las clases de alguno de sus colegas. En 1781 renunció a su plaza de Glasgow y se dedicó por entero a sus escritos. En 1785 publicó sus Ensayos sobre los poderes intelectuales del hombre *y en 1788 los* Ensayos sobre los poderes activos del hombre. *Con esos dos escritos concluyó su tarea de preparar textos para su publicación, pero no por ello acabó su afán por el estudio y por escribir ensayos sobre distintos asuntos que sometía a discusión en sociedades literarias. Entre ellos, fechado el 13 de marzo de 1792, está el ensayo que presentamos y que parece ser que fue la última aportación de Reid a la filosofía aunque no a otras ciencias —como la fisiología y la ciencia política— sobre las que escribiría hasta su muerte, ocurrida en octubre de 1796. Quizás su vida carezca del interés de la de otros filósofos que tuvieron cargos políticos y una vida mucho más amena de cara al público. Comparada con la de Locke, Leibniz o Rousseau su vida puede parecer aburrida. Pero vivió ochenta y seis años dedicados casi todos ellos al conocimiento y, como todos los que se dedican a él saben, nada puede ser más apasionante que el intentar aclararse en la maraña del mundo. La búsqueda del conocimiento es suficiente premio para el filósofo y es la aventura más apasionante, aunque, como también todos los que nos dedicamos a esto sabemos, haya que trabajar muchas duras horas al día para adelantar cada jornada sólo un poco.*

2. ¿Qué es el sentido común?

2.1. El sentido común y la crítica al escepticismo

Los términos «sentido común» gozan de una larga tradición en filosofía que se remonta hasta Aristóteles. El filósofo de Estagira nos habla de un «sensorio común», cuya naturaleza ha sido discutida hasta la saciedad por los especialistas y que ha resultado ser problemática. Unos la consideran como una facultad independiente de los sentidos externos que aprehendería los sensibles comunes, y otros como la capacidad que tiene cada sentido de captar no sólo su aspecto específico sino también de captar ciertas cualidades generales del objeto percibido.

Ahora bien, el uso que la escuela escocesa hace de él, tiene más que ver con la idea de una naturaleza humana que coincidiría en poseer unos principios prácticos que le permitirían juzgar sobre la realidad en su conjunto y sobre cada objeto en particular. Dugald Steward, en el escrito citado en el punto anterior, afirma que el primero que introdujo los términos «sentido común» en el sentido técnico que le dan los escoceses fue el padre Buffier en un libro titulado Traité des Premières Vérités. *Después —según el mismo autor— lo usaron Reid, Oswald y Beattie haciendo referencia a un poder mediante el cual la mente aprehende la verdad de las proposiciones de forma intuitiva.*

Para comenzar a tratar qué se entiende por sentido común aprovecharemos un texto de Reid en la Inquiry *que nos da pie a su análisis: «si hubiera ciertos principios, como creo que hay, en que la constitución de nuestra naturaleza nos inclinara a creer y que necesitáramos conceder en los asuntos habituales de la vida sin que podamos dar razón de ellos, esos son los que llamamos principios del sentido común; y lo que les es manifiestamente contrario es lo que llamamos absurdo»*[4]. *Si no podemos dar razón de*

---

[4] *An Inquiry into the Human Mind on the Principles of Common Sense,* capítulo II, sección 6. La traducción es mía.

ellos, ¿cómo sabemos que nos muestran en verdad la realidad?, ¿existe alguna connaturalidad entre la realidad y esos primeros principios, entre la realidad y nuestra naturaleza?, ¿tenemos una experiencia directa de la realidad tal y como ella es en sí misma?

No existe una ruptura entre la experiencia común de los seres humanos y la experiencia filosófica. En todo caso se entiende por filosofía una actividad más refinada en tanto que ordenadora y sistematizadora de los datos de la experiencia. Reid deja bien claro que los principios sobre los que la filosofía comienza a andar son los mismos de la experiencia común, de tal manera que, según ese principio, tanto el sabio como el ignorante comienzan en pie de igualdad [5]. *Así como la vida del hombre vulgar, e incluso del iletrado, se realiza según unos principios que no puede cuestionar si quiere enfrentarse con la realidad eficazmente, esos mismos principios deben fundar la experiencia filosófica: «la filosofía no tiene otra raíz más que los principios del sentido común»* [6]. *La filosofía, si quiere ser una disciplina que explique la realidad, debe partir de esos primeros principios que conectan al hombre con lo real, ya que no hay un fundamento último anterior a la experiencia misma. Tampoco existe una remisión más o menos prolongada, o incluso hasta el infinito, en la búsqueda de un fundamento: el fundamento último es la experiencia común que todos los hombres compartimos.*

Me gustaría destacar la relación inmediata que existe entre los principios del sentido común y la experiencia cotidiana. No cabe duda de que lo que nos muestra la experiencia cotidiana es experiencia de realidad, ya que podemos —siguiendo esos principios— transformarla adecuadamente. Seguir los primeros principios significa poder manejar la realidad y construir proyectos con ella. No seguirlos implica fracaso y, el mayor fracaso de todos, la posibilidad de morir. La naturaleza humana nos proporciona esos primeros principios de acción y de pensamiento. Como dice Steward en la sec-

---

[5] Cf. *Essays on the intellectual powers of man*, VI, 4.
[6] *An Inquiry*, I, 4.

ción segunda de su escrito ya citado: se apela «a la constitución de la naturaleza humana sin la cual toda ocupación del mundo inmediatamente cesaría». La naturaleza humana está en sintonía con la realidad. Esas, como las llama Steward, «leyes de la creencia», son necesarias para cualquier actividad humana que se enfrente con la experiencia. El único ámbito que puede permitirse ponerlas en cuestión es el pensamiento puro en tanto que en él la imaginación puede volar ampliamente a sus anchas sin dirección fija: el mundo de la pura teoría donde la construcción es resultado del juego realizado con o sin las reglas de la lógica. El pensamiento puro puede librarse, en alguna medida, no en toda, de los primeros principios en tanto que existe un campo de pensamiento que no tiene la realidad como referente. Si a alguien se le ocurriera exponer esas dudas y aplicarlas a la realidad se le tomaría por loco: loco sería el que dudando de la existencia de las cosas diera un paso hacia el vacío en el borde de un precipicio.

Aun así, los idealistas ponen en duda los primeros principios del sentido común y se preguntan si se limitan a ser meros prejuicios[7]. ¿Es un primer principio sólo un prejuicio, una barrera irreflexiva realizada por la experiencia, que la tarea crítica de la razón debe superar? Creo que esa sería la pregunta decisiva. Los principios del sentido común son tratados como respuesta poco convincente por parte de Hume y de Kant. Según ellos, la tarea de la razón no puede pararse en ese límite. Reid no es que niegue ese propósito, lo que niega es que traspasar esa barrera sirva para conocer mejor la realidad. Traspasar la barrera del sentido común es una actividad «experimental» que la razón debe realizar y que nadie tiene derecho a impedir. Ahora bien, concluir de ese experimento que la razón no puede conocer nada —acabar en el escepticismo— es tomarlo en referencia a una realidad a la que, para jugar, se había ya renunciado de antemano.

---

[7] Para ver en qué sentido se puede considerar a Hume un escéptico, cf. *An Inquiry*, II, 6.

Los principios del sentido común, en todo caso, no pueden ser considerados como prejuicios, sino, a lo sumo, como límites del conocimiento de lo real. Un prejuicio, por definición, es un límite mental que puede ser traspasado sin consecuencias negativas para la realidad y que se ha construido por motivos de costumbre o comodidad. Es un conjunto de actividades irreflexivas que facilitan un acercamiento erróneo a lo real. Ciertamente, los principios del sentido común también facilitan, incluso son condición para ello, el conocimiento de lo real, pero —según sus defensores— es imposible retrotraerlos a otro principio más fundamental. En el prejuicio apelamos a la mente del que lo ha construido; en el sentido común apelamos a la realidad que deja de tener sentido si vamos más allá del límite. Es bueno que los prejuicios se conviertan en juicios conscientes, no es bueno franquear los límites —a no ser como juego— si queremos permanecer en la realidad.

Esa idea no impide que la mente se encuentre autorizada para comprobar si, efectivamente, lo que se plantea como un primer principio no es sino un prejuicio más: la mente debe traspasar el límite del primer principio. Ahora bien, si traspasa un auténtico primer principio cuya ausencia convierte a la realidad en incomprensible, debe escuchar la voz quebrada de lo real y dar marcha atrás sin permanecer mucho tiempo en lo absurdo o en el escepticismo. El escepticismo es la soberbia de la razón teórica que pretende quedarse, orgullosa, por encima de la realidad, que es su medida. Aceptar el sentido común es acatar la voz de la realidad que le habla e impone su rasero a la razón.

Claro que eso, podría objetarse, significa partir del hecho de que la realidad es cognoscible y de otro conjunto de proposiciones que no son nada evidentes por sí mismas y que además atenta contra la labor fundamentadora de la razón misma. Es cierto que la razón, en su labor crítica, debe dar siempre un paso hacia atrás buscando un fundamento a lo que se le presenta. Pero la razón debe reconocer que esa labor no puede ser infinita, porque entonces, tarde o temprano, sobrepasará los límites de la realidad misma y caerá en el escepticismo. Se podría argumentar que hacerlo de otra manera es poner el fundamento de la realidad en algún tipo de fe. Y no es así. El límite es exactamente el de la respuesta de la realidad que la razón quiere conocer. O aceptamos esa respuesta o caemos en el escepticismo. No hay otra opción. Por eso Reid ataca con fuerza las posturas idealistas, que tarde o temprano van a conducir a posturas descreídas y se van a estancar en ellas.

Para concluir este punto quisiera traducir y acudir a un texto de la conclusión con la que Reid cierra An Inquiry into the Human Mind: *«Cuando percibo ante mi un árbol, mi facultad de ver me da no sólo una noción o simple aprehensión del árbol, sino una creencia de su existencia y de su figura, distancia y magnitud; y este juicio o creencia no se obtiene comparando ideas, se incluye en la misma naturaleza de la percepción. (...). Tales juicios, originales y naturales, son por tanto parte de la estructura* (furniture) *que la Naturaleza ha dado al entendimiento humano. Son inspiración del Todopoderoso no menos que nuestras nociones o simples aprehensiones. Sirven para dirigirnos en los asuntos corrientes de la vida, donde nuestra facultad de razonar nos dejaría en la obscuridad. Son parte de nuestra constitución y todos los descubrimientos de nuestra razón están fundados en ellos. Constituyen lo que se llama* el sentido común de la humanidad, *y lo que es manifiestamente contrario a cualquiera de estos primeros principios es lo que llamamos* absurdo».

2.2. Sobre el ámbito general de la noción de poder

La noción de «*poder*» (power)[8] es ampliamente nombrada y tratada por Reid en sus escritos. Basta para demostrarlo, además del

---

[8] Para la realización de este punto atendemos, principalmente, a los siguientes textos: el capítulo primero del primer ensayo de *Essays on the Intellectual Powers of Man*, el capítulo quinto del sexto ensayo de la misma obra y el capítulo primero del primer ensayo de *Essays on the Active Powers of Man*.

texto que traducimos, su presencia en los títulos de dos de sus obras más importantes. Pero su carácter central va más allá de su presencia física para insertarse en el centro mismo de su espíritu, ya que puede decirse que lo que a Hume es la crítica del concepto de causa es a Reid la defensa a ultranza de la existencia y ejercicio de los poderes especulativos y activos en el ser humano como una manera de dar solución al problema establecido por Hume. La conexión necesaria entre dos instantes contiguos en el tiempo puede realizarse apelando a la noción de «poder» y estableciendo a uno como causa del otro. El mismo Reid, en Del poder, *establece que las nociones de poder y causa son cercanas.*

*Según Reid, la noción de poder es sinónima de la de «facultad» (*faculty*) y es tan básica para la comprensión de la acción especulativa y práctica del ser humano como ella. Según Reid, existe en el ser humano la convicción de tener un poder sobre las propias acciones que se sitúa al mismo nivel de la creencia humana en la existencia de un mundo material. Ambas son convicciones primitivas y aparentemente irrefutables que se imponen a la mente del sujeto y, en lo que se refiere a la primera cuestión, va acompañada —como concepto derivado— también de la creencia de que los demás seres humanos tienen dominio sobre sus propias acciones.*

Reid plantea el origen de esta convicción, examina con detenimiento los planteamientos de Locke y de Hume, y llega a la conclusión de que la idea de poder tiene la naturaleza de un primer principio: el poder no es objeto ni del sentido ni de la conciencia. El poder no se ve, ni se huele, ni se toca. Somos conscientes de las operaciones de la mente, pero el poder no es una operación más sino algo que las acompaña a todas como condición suya. Hasta tal punto es su condición que Reid llega a afirmar que la noción que poseemos de nuestro poder y del de los otros seres debe ser efecto mismo de nuestra constitución y, apelando a Dios, debe haber sido puesta en ella por el autor de nuestro ser para guiar nuestras acciones.

Uno de los problemas que encontramos para asir la noción de poder es su simplicidad. Como los conceptos de magnitud, pensa-

miento, duración, número o movimiento, el poder es algo tan simple en su naturaleza que no admite definición lógica y, por ello, Reid no intenta en ningún momento ofrecer una definición de qué sea éste. Lo único que le queda al ser humano es intentar mostrarlo a través de sinónimos, como hacemos en otros casos, para ver si de esa forma logramos alcanzar algún conocimiento de su naturaleza. En este camino el filósofo debe estar abierto a la experiencia común de los hombres y debe dejarse guiar por ella. Como dice en el capítulo cuarto del primer ensayo de los Ensayos sobre los poderes activos del hombre: «Aunque en los asuntos de profunda especulación la multitud deba guiarse por los filósofos, en las cosas que están dentro del alcance del entendimiento de todos (...) el filósofo debe seguir a la multitud o convertirse en un ser perfectamente ridículo». Eso viene a demostrar, entre otras cosas, la naturaleza de la filosofía como aquella disciplina que tiene como fundamento la experiencia común —aunque tamizada por la reflexión, ya que la reflexión debe demostrar que se puede confiar en ella— de los hombres.

Ahora bien, lo que intenta Reid es explicar cómo el poder, independientemente de su simplicidad, aparece en nuestra conciencia como un concepto necesario. Reid establece la idea de que cada operación, ya sea especulativa o práctica, supone un poder en el ser que opera: si un ser actúa es porque tiene el poder de hacerlo. Ese poder se demuestra por la acción misma, aunque no siempre se demuestre actuando: uno puede tener el poder de hablar y, sin embargo, estar callado, tener el poder de levantarse y, sin embargo, quedarse sentado. Eso nos lleva a la siguiente conclusión: toda operación implica poder, pero el poder no implica operación. Así como todo acto implica la noción de poder, toda volición también lo hace, puesto que se quiere hacer aquello que se puede y esto requiere un examen previo de nuestro poder: nadie intenta nada si considera que no tiene poder para ello. Esa idea se aplica a toda búsqueda cognoscitiva y a toda deliberación y resolución moral. También se aplica a las cuestio-

nes epistemológicas y metafísicas de la relación causa-efecto: la causa es al efecto lo que nosotros con nuestro poder somos a nuestras acciones voluntarias.

La única idea que tenemos del poder está tomada del poder que vemos en nosotros mismos al dar movimiento al cuerpo o ciertas direcciones a nuestros pensamientos. Desde esa experiencia se las atribuimos al resto de las cosas que vemos que cambian desde un principio interno. En el capítulo quinto de la obra antes citada dice: «de la conciencia de nuestra propia actividad parece derivarse no sólo la más clara sino también la única concepción que podemos formarnos de la actividad o del ejercicio del poder activo». Si nosotros actuamos desde un principio interno parece lógico que admitamos que otros seres son igualmente capaces de hacerlo. Esta es una suposición básica: no hay forma de demostrarla sino simplemente admitirla. También podría ocurrir que esa idea de nuestro propio poder la atribuyéramos a causas ocasionales al estilo de Malebranche. Pero no parece que esa situación venga avalada por la experiencia: más bien parece ser que somos nosotros los artífices de nuestras acciones.

El poder funciona a la manera de un primer principio: no admite demostración más allá de establecer dos instantes diferentes y unirlos a través de su noción de tal manera que podamos decir que un efecto es causa mía. Yo creo que soy causa de mis acciones y causa de la dirección que toman mis pensamientos y mis hechos. Esto tan básico para todo ser humano, y que es aquello de lo que parte la experiencia, debe establecerse, exactamente, no como principio sino —permítaseme que lo enuncie así de momento a pesar de la aparente paradoja— como conclusión filosófica. Lo que ocurre es que ese situarse como conclusión no lo realiza Reid como lo hace Hume: Hume establece que no es posible afirmarlo racionalmente como conclusión de una demostración y que, por tanto, es sólo una creencia que no tiene para afirmarse más que el fundamento psicológico de que «creo» que soy el sujeto-causa de mis acciones. Reid llega a la conclusión de que eso que aparece como fundamento psi-

cológico tiene la suficiente fuerza como para convertirse en un primer principio y reflexiona sobre su naturaleza. Que es un primer principio es consecuencia de una reflexión filosófica y no un punto de partida irracional que preste un vasallaje irreflexivo a la costumbre del hombre común.

Si Reid lleva razón o no en su crítica a Hume y al establecer la experiencia común de los hombres como punto de partida válido para el conocimiento adecuado del mundo, es otra cuestión. Habrá que analizarla. Lo que quiero concluir es que Reid, desde su perspectiva, repasa el problema de Hume, no desconoce su postura ni la simplifica. Reid no es menos filósofo que Hume. Sencillamente llegan a conclusiones distintas examinando un mismo problema. Cuál de las dos aparezca como más satisfactoria es otra cuestión. Eso tendrá que investigarlo el lector, puesto que éste no es el lugar indicado para hacerlo. Lo apunto como motivo importante de estudio dejando abierta la respuesta.

3. La influencia de Thomas Reid en la filosofía occidental

Generalmente se conoce a Reid por la impresión no demasiado buena que Kant ofrece de él y de la escuela escocesa del sentido común en los Prolegómenos a toda metafísica futura que quiera presentarse como ciencia. *Como es bien sabido, Kant afirma en el prólogo de esa obra que nadie ha sido tan decisivo para el destino de la metafísica como David Hume. El ataque a que la sometió el pensador escocés consistía en mostrar cómo la razón no podía concebir a priori* la relación causa-efecto y que esa relación no era más que un hijo bastardo de la imaginación que hace concebir una costumbre como una relación necesaria. Por eso concluyó que la metafísica no era posible. Esa conclusión tendría que haber fundado un mejor entendimiento de la doctrina de Hume y una respuesta a sus planteamientos. Pero en lugar de ello, afirma Kant: «Sólo que el destino siempre desfavorable de la Metafísica quiso que Hume no fuera com-*

prendido por nadie. Uno no puede constatar, sin experimentar una cierta tristeza, cómo sus adversarios, Reid, Oswald, Beattie e incluso finalmente Priestley, fallaron absolutamente de pleno el meollo de este problema, y dando siempre no sólo por sentado lo que él precisamente ponía en duda, sino, por el contrario, demostrando con vehemencia y, a menudo, con gran impertinencia aquello de lo que a Hume nunca se le hubiera ocurrido dudar, ignoraron de tal modo su sugerencia en pro de una reforma, que todo quedó tal como estaba, como si nada hubiera ocurrido» [9]. *Según Kant, la apelación al sentido común obvia el problema de Hume y lo hace recaer para su solución en el juicio acrítico de la masa populachera.*

Afortunadamente para Reid y sus colegas, el juicio que se está abriendo camino y que con bastante seguridad les deparará la historia es mucho más positivo. Así como ya hemos dicho que el propio Hume pasó con la obra de Norman Kemp-Smith de ser un simple antecesor de Kant a ser un filósofo con voz propia, la escuela escocesa del sentido común y muy especialmente Thomas Reid han supuesto y han resultado ser un gran descubrimiento para los filósofos interesados en la historia del pensamiento moderno. Ciertamente no debe extrañarnos que Escocia tenga algo, y mucho, que aportar en la historia del pensamiento. Ya lo hizo con Duns Escoto y otros autores menos conocidos en la Edad Media y, en la Edad Moderna, con nombres tan deslumbrantes como Francis Hutcheson, Adam Smith, David Hume y, lo que se trata de ver, Thomas Reid.

La escuela escocesa del sentido común nace en Aberdeen iniciándose en su sociedad filosófica —el Wise Club— *y sus primeros miembros son su centro, Thomas Reid, James Beattie y James Oswald. Su intención primera fue aplicar a la filosofía los princi-*

---

 [9] La cita la hacemos por la edición española siguiente: I. Kant, *Prolegómenos a toda metafísica futura que quiera presentarse como ciencia*, Alhambra, Madrid 1986. Edición y material didáctico: Luis María Cifuentes. Traducción: Asunción Gabriel, pp. 17-18.

pios de Francis Bacon y conseguir en ella un avance similar al que Newton había conseguido en la física. La fama literaria de James Beattie (1735-1803) hizo célebres las posiciones de la escuela a las que, quizás, simplificó en exceso, ya que insistió sin indagar demasiado en el carácter instintivo e irresistible del sentido común. Su obra filosófica principal, publicada en 1770, fue Ensayo sobre la naturaleza e inmutabilidad de la verdad en oposición a la sofistería y el escepticismo. *Por su parte, James Oswald (1715-1769), difundió las tesis de la escuela a través de su libro* Apelación al sentido común en nombre de la religión *(2 vols. 1766-1772). A esos tres autores se les debe sumar el nombre del discípulo de Reid, Dugald Steward (1753-1828), que llegó a ser catedrático de filosofía moral de la Universidad de Edimburgo. Su obra principal, que fue traducida al francés y tuvo en ese país una gran influencia, fue* Elementos de la filosofía de la mente humana *(1792-1827). Otros nombres conectados con la escuela del sentido común —aunque muy críticos con ella— son el discípulo de D. Steward, Thomas Brown (1778-1820) que, aun aceptando la existencia de creencias del sentido común, sostuvo que hay que reducirlas al menor número posible, y William Hamilton (1791-1856), a quien le debemos la edición de las obras de Reid que habitualmente se maneja hasta la fecha y que en muchas ocasiones hizo de defensor del fundador de la escuela.*

La principal influencia, fuera de Gran Bretaña, de la escuela escocesa fue en Francia. Allí Théodore Jouffroy (1792-1842) tradujo los Elements *de Steward y la obra completa, en seis volúmenes, de Thomas Reid. Reid también influye sobre Pierre-Paul Royer-Collard (1763-1845) al aprovechar éste último los argumentos del primero para criticar las posiciones sensualistas, especialmente las de Condillac. A través de Royer-Collard, Reid influye en una de las grandes autoridades filosóficas francesas: Victor Cousin (1792-1867). A través de la influencia política de Cousin, que fue ministro de instrucción pública, Reid fue materia obligada de lectura de los estudiantes franceses durante muchos años.*

En España las principales influencias de Reid se dan entre los filósofos catalanes de la Universidad de Barcelona, concretamente entre Ramón Martí d'Eixalà (1808-1857) y su discípulo Francisco Xavier Llorens y Barba (1820-1872), así como sobre —el más influyente por la naturaleza de sus escritos, más dirigidos al público culto en general que al excesivamente especializado— Jaime Balmes (1810-1848). En Italia, la escuela del sentido común influyó sobre los ontologistas debido al realismo de tipo inmediato que ambos profesaban.

También en América [10] fue grande la influencia de los escoceses. Comenzó en la controversia sobre la «voluntad libre» que se desarrolló en torno a 1800, especialmente sobre Jonathan Edwards. Siguió con la obra de Asa Burton, Noah Porter y James McCosh. Al final del siglo XIX el idealismo comenzó a suplantar a los seguidores del realismo del sentido común. Pero al comienzo del siglo XX el realismo empezó a ganar terreno debido a un grupo de filósofos conocedores de los escritos de Reid a los que se llamó los «nuevos realistas». Entre estos filósofos estaban H. B. Holt, Walter T. Marvin, William P. Montague, Ralph Barton Perry y E. G. Spaulding. Este movimiento dejó de tener fuerza alrededor de 1930. A ellos les sucedieron un conjunto de pensadores «realistas críticos» que también estaban familiarizados con Reid. Entre ellos estaban Durant Drake, J. B. Pratt, A. K. Rogers, George Santayana, Roy Wood Sellars, C. A. Strong y A. O. Lovejoy. A ellos se les han unido, en otros planteamientos típicamente «reidianos», C. J. Ducasse y R. M. Chisholm.

Esas han sido las influencias epistemológicas más claras de Reid en América, pero su influencia no se limita a eso. Hay una que me ha llamado especialmente la atención y que se refiere a la teoría del derecho y a ciertas instituciones jurídicas[11]. Se ha argüi-

---

[10] Para la influencia en América me baso fundamentalmente en la introducción a *Thomas Reid's Inquiry and Essays* (Ed. by Keith Lehrer and Ronald E. Beanblossom. The Bobbs-Merrill Company, inc., Indianapolis 1975).

[11] Vid. Shannon C. Stimson, «'A Jury of the Country': Common Sense Philosophy and the Jurisprudence of James Wilson», en Richard B. Sher & Jeffrey

do que, en general, la crítica de Reid a Hume consiste en poner en cuestión el supuesto punto de vista «superior» que tiene la filosofía sobre la manera que el hombre común tiene de ver las cosas. Reid se alinearía con ciertas doctrinas escolásticas según las cuales el objeto de la filosofía consiste solamente en una mayor sistematización de la experiencia común y no en la puesta en cuestión de la experiencia misma. En ese sentido, la filosofía no gozaría de un estatus privilegiado frente a la experiencia del hombre común, ya que el hombre común conoce según y por los mismos principios que aquellos por los que conoce el filósofo. Especialmente en filosofía moral, esa teoría tiene continuidad desde los planteamientos cristianos de la sindéresis, *según los cuales todos los hombres poseen de forma inmediata a su constitución las normas morales que les llevan a elegir entre el bien y el mal* [12].

Ahora bien, los principios de la constitución jurídica del jurado no se realizan como continuidad de la filosofía escolástica que admite que en el hombre existen inalienablemente los primeros principios de la moral, sino como aplicación directa de la doctrina de Reid sobre el sentido común. Según esta doctrina, tal y como hemos indicado, la filosofía no tendría ningún tipo de superioridad sobre la experiencia común de los hombres y no tendría poder para ponerla en entredicho. Los primeros principios del conocimiento son intui-

<hr>

R. Smitten (eds.), *Scotland & America in the age of the enlightenment,* Edinburgh University Press, Edinburgh 1990, pp. 193-208.

[12] Hay que reconocer que esta doctrina posee cierta complejidad desde el momento en que tiene que coexistir con la doctrina judeo-cristiana del pecado original. Esa doctrina implica una debilidad, y en algunas doctrinas cristianas incluso una corrupción, en la naturaleza humana y por ende en la conciencia moral. La conciencia moral, para ser justa, siempre según algunas doctrinas teológicas, debe estar «bien formada». Ello implica un grado de superación cultural del estado natural corrompido e inclinado al pecado en el que nacen los hombres. Los diversos estados de la conciencia falsa —por ejemplo, la conciencia escrupulosa o la conciencia laxa— nos llevan a plantear que el estado original del hombre tras el pecado original no es el de poseer de forma inmediata unos principios morales únicos e infalibles. Esa doctrina vendría cuestionada, tal y como lo veo, en algún sentido, por la doctrina reidiana del sentido común.

tivos y se conocen de manera directa y auto-evidente. En eso, además, como hemos indicado en el punto segundo, consistiría el sentido común: en un grado de juicio común a todos los hombres.

Esa «comunidad» de juicio puede llevar a pensar en un grado de acuerdo democrático, ya que todos los hombres estarían de acuerdo en las normas básicas de convivencia y, en consecuencia, en las normas legales que deben regular la vida en común. Según el artículo de Stimson —citado en una nota anterior—, el jurado es, exactamente, una institución derivada de aplicar los principios del sentido común a la vida política, ya que «el conocimiento de los principios racionales sobre los que se funda la ley deben estar difundidos por toda la comunidad» (p. 202). Por ello, la teoría del jurado es contraria a aquellas concepciones en las que se supone que el conocimiento de la ley está únicamente en el juez en tanto que especialista en materias legales.

La teoría del sentido común aplicada a la vida práctica viene a decir que, si bien es cierto que es el juez quien sabe los detalles técnicos de los procesos judiciales, sin embargo él no puede reservarse los criterios de la bondad y la maldad. Esos criterios los tiene todo hombre normal y, por ello, puede cederse a la comunidad de los hombres el juicio último sobre las acciones de sus conciudadanos. Esa influencia práctica de la teoría del jurado, que está cada vez más presente en diferentes países, debe ser considerada como la aportación práctica más decisiva de la escuela del sentido común.

4. Nota a la presente edición

Como ya enuncié, el ensayo Of power *fue publicado por primera vez en inglés, el idioma en que fue escrito, en enero del año 2001 en el volumen 52, número 202 de* The Philosophical Quarterly, *páginas 3 a 12. El ensayo está antecedido por dos páginas en las que el editor, el profesor John Haldane, explica las características del texto y del manuscrito del que está sacado y que se conserva en la Universidad de Aberdeen con la referencia MS 2131/2/II/2. En esta nota final que antecede a la traducción me propongo hacer lo mismo con la edición castellana que he preparado.*

El manuscrito está redactado de puño y letra de Thomas Reid y está fechado el día 13 de marzo de 1792, cuando contaba con la edad de ochenta y un años y ya había renunciado a su cátedra de Glasgow. La edición que presentamos está basada en la ya citada de Philosophical Quarterly, *en la que entre otras cosas, todas ellas menores, se ha eliminado el abundante uso de las mayúsculas que hace Reid y que caracteriza su escritura. También hemos eliminado el frecuente uso de mayúsculas en los dos apéndices que completan la edición. En este ensayo Reid retoma una cuestión que —citaremos en su momento los textos originales— ya había tratado en otros escritos, como, por ejemplo, en los* Ensayos sobre los poderes activos del hombre, *concretamente en el ensayo I (Del poder activo en general) y en el ensayo IV (De la libertad de los agentes morales), así como —cito a Haldane— «en su correspondencia privada con Lord Kames y Dr. James Gregory». También hizo referencia a él en el punto sexto del capítulo cinco del sexto ensayo de* Ensayos sobre los poderes intelectuales del hombre. *El texto fue escrito en los últimos años de vida del autor, en los que también redactó otros ensayos como, por ejemplo,* Sobre el movimiento muscular *y* Observaciones sobre el peligro de la innovación política. *Ambos ensayos fueron leídos en la Sociedad Literaria de Glasgow. Pero el ensayo* Del poder *es el último texto filosófico que Reid escribió. En la traducción he intentado respetar al máximo la literalidad del texto, aunque ha sido difícil reproducir la elegancia del estilo de Reid.*

Además del ensayo mencionado he creído interesante reproducir dos textos. Uno al que Reid se refiere en Of power *y cuyo contenido puede darnos una idea aproximada de la forma que tiene Reid de trabajar, de exponer las ideas y de ejercer la crítica. Concretamente me refiero al capítulo sexto del sexto ensayo de la voluminosa obra* Ensayos sobre los poderes intelectuales del hombre. *Ese texto ha sido traducido de la edición de Sir William Hamilton de las* Obras *de Reid y no hemos introducido en él cambios significativos salvo las lógicas alteraciones en la puntuación; hemos pretendido reflejar lo más perfectamente que hemos podido la prosa firme del filósofo escocés. Este segundo texto lo hemos añadido como apéndice al texto principal y ha sido de traducción más fácil que el primero, en el que, posiblemente por mor de la concisión, el texto es mucho más engorroso. Tengo que decir para evitar alguna confusión que en el texto de* Of power *no se pone ninguna nota a pie de página. Todas las que aparecen en el texto son mías y, además, las he reducido al máximo para hacer la lectura más fluida. Por ello, en el anexo, tampoco he incluido las notas que Hamilton pone al texto y me he limitado a añadir algunas propias. Lo mismo puede decirse del segundo apéndice introducido, que es la traducción completa de los siete capítulos del ensayo primero de la obra* Ensayos sobre los poderes activos del hombre. *El contenido de ese ensayo está presente desde el comienzo en* Of power *desde las mismas referencias que hace a Locke y a Hume. Creo que con esos dos apéndices queda un libro que refleja con claridad la idea que Reid poseía acerca de la noción de poder, central, como ya hemos visto, en todo su pensamiento filosófico.*

Para la revisión del texto he contado con la inestimable ayuda de la profesora Carmen Peralta Bellido, querida amiga y compañera de trabajo, que se prestó generosamente —sacrificando muchos momentos en los que tenía que atender labores familiares más importantes— a realizar ese penoso trabajo. También he contado con el asesoramiento filológico y filosófico del profesor Alexander Broadie, cordial amigo y admirado colega, que ha estado muy pendiente del desarrollo de mi trabajo desde su cátedra de Lógica y Retórica de la Universidad de Glasgow. Debo agradecer también su ayuda en algunos puntos de la traducción a Lourdes López-Cañete y a Federico Andújar. Debo citar aquí al profesor Juan Arana y la profesora Concepción Diosdado por su apoyo y sugerencias. Quiero agradecer, por último, las mejoras introducidas por los directores de la colección, así como la inestimable profesionalidad y ayuda de Francisco José Lavado. Ninguno de ellos es responsable de los muchos fallos que pueda haber cometido y sí, sin embargo, de los pocos aciertos que pueda tener la edición que presento. Tengo que agradecer muy especialmente a la Universidad de Aberdeen, que es la propietaria del manuscrito que traduzco, así como a Philosophical Quarterly, *a* Blackwells P. C. *y al profesor John Haldane, el gentil permiso que me han dado para poder ofrecer* Of power *al público de lengua castellana.*

Francisco Rodríguez Valls
(Universidad de Sevilla)

DEL PODER

Cómo obtienen los hombres el concepto de poder es un asunto de cierta dificultad. No es un objeto ni de los sentidos ni de la conciencia[1]. Locke[2] resolvió con precipitación que obtenemos esta idea de ambas formas. Hume[3] mostró que no puede serlo de ninguna de ellas y de ahí que, precipitadamente, concluyera que no existe tal concepto en la mente humana.

Todo esfuerzo voluntario de producir un acontecimiento parece implicar una convicción en el agente de que tiene poder

---

[1] Este punto lo toca Reid en varios lugares, el más importante es el capítulo uno del primer ensayo de *Ensayos sobre los poderes activos del hombre*. Allí sostiene: «El poder no es objeto de ninguno de nuestros sentidos externos ni tan siquiera objeto de conciencia. No es visto, ni oído, ni tocado, ni gustado, ni olido, ni necesita prueba. Que no somos conscientes de él, en el sentido estricto de la palabra, no es menos evidente si pensamos que la consciencia es aquel poder de la mente por el cual tiene un conocimiento inmediato de sus propias operaciones. El poder no es una operación de la mente y, por tanto, no es objeto de conciencia. Cada operación de la mente es, en verdad, el ejercicio de algún poder en la mente; pero somos conscientes solamente de la operación, el poder descansa tras la escena y, aunque podamos inferir justamente el poder de la operación, se debe recordar que inferir no es terreno de la conciencia sino de la razón».

[2] Esta cuestión la trata Reid por extenso en el capítulo tercero del ensayo primero de los *Ensayos sobre los poderes activos del hombre* titulado «Of Mr. Locke's account of our idea of power». El capítulo está traducido dentro del Apéndice II.

[3] Esta cuestión puede verse por extenso en el capítulo cuarto del ensayo primero de *Ensayos sobre los poderes activos del hombre* titulado «Of Mr. Hume's opinion of the idea of power». El capítulo está traducido dentro del Apéndice II.

de producir el acontecimiento. Un esfuerzo deliberado de producir un acontecimiento implica un concepto del acontecimiento y cierta creencia o esperanza de que su esfuerzo obtendrá su resultado esperado. Creo que esto no se puede negar. La consecuencia es que a cada esfuerzo deliberado de la voluntad para producir un acontecimiento le antecede un concepto de poder. Tenemos motivos para pensar que los esfuerzos voluntarios son tan primitivos como las otras actividades del ser pensante y, si todos ellos fueran deliberados, esto es, que se propusieran producir un acontecimiento que creemos que está en nuestro poder, eso nos llevaría a pensar que un concepto de poder e incluso una creencia de que tales y cuales acontecimientos que están en nuestro poder son innatos o, al menos, que anteceden a cada acto de volición. Pero yo más bien me inclino a pensar que nuestros primeros esfuerzos son instintivos, sin ningún concepto distinto del acontecimiento que va a seguir, en consecuencia sin voluntad para producir tal acontecimiento. Y que encontrando por experiencia que tales acontecimientos se siguen de tales esfuerzos, aprendemos a hacer el esfuerzo voluntario y deliberadamente con tanta frecuencia como deseamos producir el acontecimiento. Y cuando sabemos o creemos que el acontecimiento depende de nuestro esfuerzo, tenemos el concepto de poder en nosotros mismos para producir tal acontecimiento.

Esta explicación del origen de nuestro concepto de poder lo hace ser fruto de la experiencia y no algo innato, aunque debe ser tan primitivo como cualquier esfuerzo voluntario deliberado de producir cierto acontecimiento. Esta explicación supone igualmente que un esfuerzo es algo diferente de una voluntad deliberada para producir el acontecimiento por tal esfuerzo y que puede haber esfuerzo sin voluntad. Debe reconocerse que ambos dos están tan unidos, cuando tenemos algún conocimiento del alcance de nuestro poder, que encontramos muy difícil distinguirlos. Como esta distinción está supuesta en la explicación que hemos dado del origen de nuestro concepto de poder, puede ser conveniente dar otros ejemplos que la confirmen.

Cuando quiero levantarme y caminar inmediatamente, el esfuerzo parece inseparablemente unido a la volición y ambos parecen uno y el mismo acto de la mente. Pero imaginemos que resuelvo levantarme y caminar dentro de una hora. Eso es un acto deliberado de la voluntad, tanto como la voluntad de hacerlo inmediatamente; pero no se sigue esfuerzo alguno en una hora. Aquí la voluntad se separa del esfuerzo, luego son diferentes.

De nuevo quiero caminar durante media hora. El esfuerzo ocurre inmediatamente. Durante mi paseo mi pensamiento está ocupado por entero en otro asunto diferente del caminar, de manera que no hay pensamiento o voluntad que en mi mente le concierna en ese momento, pero el esfuerzo de caminar continúa. En este ejemplo hay esfuerzo sin voluntad así como en el anterior había voluntad sin esfuerzo.

La volición creo que no admite grados. Es completa en sí misma e incapaz de más o menos. El esfuerzo, por otra parte, puede ser grande, pequeño o mediano. Por tanto, volición y esfuerzo no son lo mismo. Si lo fueran podría haber esfuerzo sin voluntad deliberada y la experiencia de la consecuencia de tales esfuerzos nos podría dar al mismo tiempo el concepto de poder y enseñarnos que los acontecimientos conocidos que son consecuencia de tales esfuerzos están en nuestro poder.

Suponiendo que fuéramos incapaces de dar una explicación de cómo obtuvimos primero el concepto de poder, ello tampoco sería una buena razón para negar que lo tenemos. Por ese motivo uno también podría probar que no tiene ojos en la cara: ni él ni ninguna otra persona puede decirnos cómo llegaron allí.

Que ciertos acontecimientos se producen cuando queremos producirlos es un asunto de cada día y es experiencia de cada hora. Esto puede darnos un concepto de poder en nosotros mismos que aparece tan pronto como tenemos ocasión para ello. Y no veo otro camino por el que posiblemente podamos conseguirlo.

Es lógico y natural pensar que otros hombres tienen un poder tal como el que encontramos en nosotros mismos. Juzgamos las cosas desconocidas por las que conocemos y, como primero sabemos por la conciencia que pensamos y actuamos y sentimos dolor y placer, eso nos lleva por analogía más bien que por razonamiento a pensar lo mismo de los otros hombres; y en verdad no sólo de los otros hombres, sino de otras cosas. Es un descubrimiento hecho por grados y por observación e instrucción que muchas cosas nuestras nos son tan impropias como lo son de lo absolutamente inanimado e irracional. Es una observación justa del padre Raynal[4] que los salvajes, cada vez que perciben un movimiento del que no pueden dar cuenta, le atribuyen un alma. Y pienso que la estructura de todas las lenguas, en los géneros de los nombres y las voces de los verbos, nos ofrece una fuerte prueba de ello. «Hay —dice Mr. Hume (*Historia Nat[ural] de la Religión*, Sec. 3)— una tendencia universal entre la raza humana a concebir todos los seres como a ellos mismos y a transferir a cada objeto esas cualidades con las que está familiarizado y de las que tiene conciencia íntima».

Comprendo que la mayoría de las palabras ambiguas (si no todas) tuvieron al principio un significado y con el paso del tiempo se usaron con otros significados que se concibieron que tenían alguna similitud, analogía o alguna otra relación con su primer significado. Y puede ocurrir que el significado original del cual derivan los otros pueda llegar a ser menos común que alguno de los otros. El Dr. Johnston [sic] da trece significados de la palabra *poder* y algunos de ellos los expresa por tres o cuatro palabras diferentes que no son sinónimos perfectos. Y ciertamente no enumera todos los significados en los que se usa.

En toda la extensión de la palabra adscribimos poder no sólo a los seres pensantes que pueden producir efectos por la volun-

---

[4] Según la edición de John Haldane, Reid se refiere aquí al abad Guillaume-Thomas Raynal (1713-1796) autor de *Histoire philosophique et politique des établissements et du commerce des Européens dans les deux Indes* (1770).

tad y el esfuerzo, sino a los seres que creemos que son absolutamente inanimados y pasivos; y no sólo a los seres o substancias, sino a las cualidades, relaciones e incluso a meras privaciones tal y como la obscuridad, la ignorancia [y] la carencia.

Si las observaciones de Raynal y Hume mencionadas arriba son justas, podemos muy fácilmente explicar la adscripción que hacemos del poder a las cosas que ahora consideramos inanimadas, aunque quizás en los primeros estadios de la sociedad se las considerara como seres animados.

Aunque se concediera que todos los diferentes significados de la palabra «poder» se han derivado de su significado original antes mencionado (lo cual en verdad considero que es el caso), no se sigue de ello que todos estos significados sean *especies* de uno y el mismo *género*, y que haya una naturaleza general en ellos que los una todos con alguna diferencia específica. Quizás sea imposible dar una razón de por qué la palabra «poder» se ha aplicado a las que se llaman potencias de los números, tales como el cuadrado, el cubo, etc. Aunque este significado singular de «poder» es un *género* del cual hay innumerables *especies* bien conocidas y distintamente concebidas por los matemáticos.

El origen que he asignado arriba a nuestra primera y más propia concepción del poder es, pienso, aceptado por los filósofos si exceptuamos a Mr. Hume, que sostiene que no tenemos en absoluto noción del poder y que es una palabra sin significado alguno.

La palabra «causa» no es sólo tan ambigua como la palabra «poder» sino que tiene con ella una cercana relación. Y, quizás, si diéramos una definición general de ella podríamos decir que causa es aquello que tiene poder para producir un efecto. Si en esta definición la palabra «poder» se toma en toda su extensión, percibo que la definición puede aplicarse a todo lo que se llama causa tanto como a lo τὸ ἐξ οὗ o *principio del cambio*.

Sin embargo, pienso que hay un concepto más original y propio de causa del cual se han deducido todos sus otros significados y que está muy cercanamente unido al concepto original y propio de poder.

Cuando prestamos atención a los objetos externos vemos innumerables cambios o acontecimientos, algunos constantemente unidos con un cierto efecto que ocurre; pero no percibimos conexión real entre ellos. Antes de la experiencia no deberíamos tener fundamento para pensar que el calor torna el hielo en agua más que para pensar que torna el agua en hielo. El razonamiento de Mr. Hume sobre este asunto en [el] *Ensayo sobre las conexiones necesarias*[5] me hubiera convencido si no lo hubiera hecho antes Sir Isaac Newton. Ese autor reduce toda la ciencia física a dos problemas. Primero, cómo desde los fenómenos de la naturaleza se descubren por inducción las leyes de la naturaleza. Segundo, el de cómo las leyes de la naturaleza explican o dan cuenta de los fenómenos de la naturaleza. Es Newton, en verdad, el primer autor en quien he encontrado esta idea de la ciencia física. Otros autores antiguos y modernos, sin exceptuar a Francis Bacon, han concebido que la competencia de la física es la de descubrir las causas de los fenómenos naturales. La Física, según Bacon, es o contemplativa u operativa. La primera es *inquisitio causarum*[6], la cual la divide también en dos partes: la primera investiga las causas eficiente y material, la segunda la formal y final. Según Newton, cuando la física alcance su máxima perfec-

---

[5] Reid se refiere, en concreto, a la sección séptima de la *Investigación sobre el conocimiento humano* titulada «De la idea de conexión necesaria». La edición inglesa clásica es D. Hume, *Enquiries Concerning Human Understanding and Concerning the Principles of Morals reprinted from 1777 edition with Introduction and Analytical Index by L. A. Selby-Bigge*. La edición que he manejado es la tercera, que cuenta con la revisión del texto y las notas de P. H. Nidditch. En cualquier caso hay magníficas traducciones al castellano, entre la que podemos citar y recomendamos la que ha realizado Jaime de Salas y que se encuentra publicada en Alianza Editorial. Para dar la referencia completa, David Hume, *Investigación sobre el conocimiento humano,* traducción, prólogo y notas de Jaime de Salas Ortueta, Alianza Editorial, Madrid 1980. La sección séptima va de la página 84 a la 103.

[6] Se puede traducir por «búsqueda de las causas».

ción no se encontrará en toda ella un concepto tal como el de causa; nada sino leyes de la naturaleza, que son hechos generales fundados en la experiencia, y fenómenos, que son hechos particulares incluidos en lo más general y, consecuentemente, en aquéllas. Es verdad que algunos llaman a las leyes de la naturaleza «causas». Pero con seguridad ningún hombre que piense puede creer que las leyes de la naturaleza puedan producir cualquier fenómeno a menos que haya algún agente que ejecute la ley.

Por tanto, en cuanto que no hay nada externo a nosotros desde donde podamos obtener el concepto de causa eficiente o productiva, debe deducirse de algo en nuestra propia mente.

Somos conscientes de que tenemos poder para producir ciertos acontecimientos por nuestra voluntad y esfuerzo. La convicción de este poder está implicada en la misma voluntariedad del esfuerzo, ya que ningún hombre hace un esfuerzo para hacer lo que no cree que está en su poder. En nuestras propias acciones voluntarias, por tanto, tenemos una convicción y consecuentemente un concepto en nosotros mismos de poder eficiente o productivo. Y tal concepto es tan originario que debe ser obra de la naturaleza.

A esta explicación del origen de nuestra concepción de poder productivo o eficiencia Mr. Hume objeta que, aunque encontremos una conjunción constante entre nuestras voliciones y ciertos acontecimientos, esto lo descubrimos sólo por experiencia y no vemos ninguna conexión necesaria entre nuestra voluntad y el movimiento de nuestro cuerpo que le sigue más que el que vemos entre el calor y el derretirse del hielo y, por tanto, así como lo último no nos da ningún concepto de poder productivo sino solamente de una conjunción constante, tampoco puede dárnoslo lo primero.

A esto respondo que si un hombre creyera que en el calor había una voluntad de derretir el hielo, indudablemente creería que en el calor hay un poder eficiente real para producir ese efecto, aunque fuera ignorante de cómo o por qué oculto proceso se produce el efecto. Así, a nosotros, sabiendo que ciertos efectos dependen de nuestra voluntad, se nos imputa el poder de producirlos, aunque pueda haber algún proceso oculto que no conozcamos entre la volición y la producción. Así, un niño puede conocer que una campana suena tirando de una palanca, aunque no sepa todavía cómo se conecta tal operación con el sonido de la campana, y cuando puede tirar de la palanca tiene una perfecta convicción de que tiene el poder de hacer sonar la campana.

Capto que nuestra creencia de que las cosas que siempre hemos encontrado unidas en tiempos pasados continuarán estando unidas en tiempos venideros, no se funda en el razonamiento sino en lo que más bien podemos llamar instinto, como nuestra creencia en un testimonio. Creemos en ambos casos antes de tener el poder de razonar. Y no puedo percibir ninguna premisa desde la que podamos inferir lógicamente la conclusión creída cuando la razón está formada. Nuestra creencia instintiva de lo que va a pasar nos conducirá con mucha frecuencia a cometer errores, aunque sea muy necesaria antes de alcanzar el uso de razón, y cuando aprendemos a razonar regulamos esta creencia a través de exactas reglas de inducción. Pero las reglas de la inducción, o de razonamiento por experiencia, no producen la creencia de lo que va a venir, sirven solamente para regularla y refrenarla. De igual modo nuestro razonamiento sobre el testimonio sirve solamente para refrenar y regular la ilimitada creencia que por naturaleza tenemos en él.

Pienso entonces que aparece que, desde nuestros propios esfuerzos activos, obtenemos prístinamente el concepto de poder activo y de causa eficiente. Pero un asunto muy diferente es cómo nos persuadimos de que cada acontecimiento y cada cosa que tiene un comienzo debe tener una causa eficiente. Esta creencia no podemos obtenerla de la experiencia, porque no percibimos ninguna causa eficiente ni en una décima parte de los acontecimientos que caen bajo nuestro dominio. Además, ninguna verdad necesaria puede derivar su evidencia de la experiencia. Eso se ha recibido como verdad necesaria por todos los hombres, cultos e incultos, desde el comienzo del mundo hasta que Mr. Hume lo puso en cuestión porque no podía percibir un acuerdo necesario entre las ideas de la proposición. He dicho lo que se me ocurrió para probar que es un primer principio (*Ensayos.* vol. I. cap[ítulo] sobre los primeros principios de la verdad necesaria)[7]. Pero permítaseme observar que por causa sólo quiero decir una causa eficiente por cuyo poder activo se produce un efecto. Otro asunto es si el poder activo o productivo puede, o no puede, estar en un sujeto inanimado.

En lo que se refiere a este asunto ha habido diferentes opiniones entre los filósofos. No es fácil determinar qué clase de ser fue el que los peripatéticos llamaron «naturaleza», a cuya operación adscribieron todo lo que nosotros llamamos *fenómenos de la naturaleza.* Es cierto que Cudworth[8], un metafísico muy agudo, pensó que la Deidad empleó en el gobierno del mundo material ciertos seres inmateriales a los que llamó «naturalezas plásticas», que están dotadas con poder activo pero sin sabiduría ni inteligencia, que son las causas eficientes propias de la generación y otros fenómenos naturales. El famoso J. Le Clerc[9] defendió esta noción de Cudworth y Bayle la atacó. Y después de muchas réplicas y dúplicas[10] ninguno fue capaz de convencer al

---

[7] Ver el texto al que se refiere Reid en el Apéndice II.

[8] Reid se refiere aquí a Ralph Cudworth (1617-1688), uno de los más importantes representantes de la escuela platónica de Cambridge. Según Haldane se alude aquí a la obra titulada *The True Intellectual System of the Universe* (1678), de la cual se hizo una edición latina en 1731 titulada *Sistema intellectuale huius universi.*

[9] Según Haldane, Reid se refiere aquí a Jean Le Clerc (1657-1737), que divulgó las doctrinas de Cudworth en diversos escritos tales y como *Bibliothèque universelle* y *Bibliothèque ancienne et moderne.*

[10] El término utilizado en el original es «duplies». Según la edición realizada por John Haldane es un antiguo término escocés que significa hacer una réplica a una réplica. En castellano, según consta en el Diccionario de la RAE, llamamos a esa acción con el verbo «duplicar». La siguiente acción sería una «triply», que en castellano sería una «tríplica».

otro. Me parece que Bayle tiene mucha ventaja en la discusión. Concibo que hay un primer principio, que una obra compleja que se ajusta admirablemente en todas sus partes a un determinado propósito debe haber sido ideada por un ser inteligente que tuvo ese propósito en su mente y supo cómo adaptar los medios al fin. Sin embargo, no veo cómo una obra regular bien ideada no puede ser producida por un baile de átomos tanto como por un ser que tiene poder activo sin inteligencia. Y me parece muy extraño que los filósofos que pensaron que el sistema de Epicuro era demasiado ridículo para merecer refutación, adscriban los fenómenos de la naturaleza a causas no inteligentes.

Creo que no sólo los peripatéticos sino que el vulgo de todas las edades se ha inclinado a atribuir eficiencia real o poder productivo a los seres no inteligentes e incluso a las cosas inanimadas, y que cuando dicen que el calor derrite el hielo y que el frío congela el agua, conciben el calor y el frío como causas realmente eficientes aunque inanimadas. Esta creencia del vulgo me parece tan general como que la tierra está quieta y que todos los cuerpos celestes dan una vuelta alrededor de ella cada veinticuatro horas.

Leibniz enseñó que la creación entera, tanto cuerpos como mentes[11], consistía en mónadas o substancias individuales cada una de las cuales fue hecha desde el comienzo por el Creador, de manera que, como un reloj al que se le da cuerda, tiene dentro de sí la causa de todos los cambios que tendrá que sufrir por siempre. Y, aunque ninguna substancia ni mónada actúe sobre otra, todas se ajustan las unas con las otras por una armonía preestablecida para producir los fenómenos del universo. En ese sistema ninguna causa en absoluto (exceptuando la Deidad, primera causa de todo) produce efecto alguno excepto sobre ella misma. Ni incluso la Deidad tiene oportunidad de intervenir en

---

[11] La mayoría de los traductores suele traducir el término «mind», que aquí aparece en plural («minds»), por «alma». He optado por traducirlo por «mente» para ajustarme más a la literalidad del texto a pesar de los riesgos que tiene. Esos riesgos los intento prevenir con esta nota a pie de página.

el gobierno del mundo una vez que lo ha creado, excepto en el caso de los milagros. Lo hizo desde el principio tan perfecto para que continuara por sí mismo sin necesidad de su mano solícita. Ninguna de sus partes recibe en realidad ni beneficio ni daño de cualquier otra parte. Cada hombre, desde el momento de su creación hasta la eternidad, habría hecho y sufrido todo lo que en verdad hace y sufre aunque no hubiera habido otro ser en el universo. Hubiera disfrutado el acaecer del día y de la noche aunque no hubiera habido ni sol ni luna. Pero el sol y la luna se levantan y se ocultan, por armonía preestablecida, en perfecta correspondencia con el día y la noche que ocurren a cada uno en su mente, desde su propio marco interno, sin ser influenciado en lo más mínimo por algo externo a él.

En este sistema pudiera haber causas en el sentido de David Hume. Pero causas propias y eficientes no hay sino una en el universo, quiero decir, la Deidad. Ni hubo poder ejercido sino en el acto de creación o en los milagros.

El moderno sistema de la necesidad adelantado por algunos de los discípulos del Dr. Priestley[12], que hace de cada acción de la Deidad algo necesario, aunque lo considero que es una consecuencia muy natural de negar enteramente la libertad en las acciones humanas, excluye todo poder del universo. Porque poder y necesidad son contradictorios. Y de acuerdo con este sistema el poder es un atributo que posiblemente no puede existir en ningún sujeto.

Volvamos a la cuestión de si el poder activo o productivo puede estar en un sujeto inanimado.

Si la explicación antes dada de los orígenes de nuestra noción de poder es justa, parece seguirse que la voluntad está necesariamente implicada en la noción de poder. La volición y lo que sigue de nuestras voliciones es todo lo que concebimos que está

---

en nuestro poder. Lo que un hombre nunca quiso no puede serle imputado como acción suya. El poder de un hombre se mide por lo que puede hacer si quiere. Esa es la medida del poder cuando hablamos del poder en cualquier ser inteligente o animado. En este sentido, que tomo como el único sentido propio de la palabra, es evidente que un ser que no tiene voluntad no puede tener poder. Y cuando le atribuimos poder a la materia inerte se debe entender en un sentido popular o análogo y no en el sentido propio. El poder en su sentido propio está bajo el mandato de aquel que tiene el poder, y no podemos inferir el acto del poder, porque no hay conexión necesaria entre ellos. Ocurre de otra forma con lo que se refiere a los poderes que adscribimos a los seres inanimados. La necesidad y el poder son incompatibles, incluso cuando nuestras voliciones son compelidas por un motivo irresistible, tales como el miedo a una muerte inmediata o la violencia de la tortura; la acción no se imputa al hombre o se considera como un ejercicio de su poder, sino como una consecuencia necesaria del miedo o la tortura.

Por tanto, los poderes que atribuimos en sentido vago y popular a las cosas inanimadas difieren del poder tomado en sentido propio en dos cosas. El último implica volición y no puede existir sin ella, pero el primero no va acompañado de volición alguna sino que pasa en los seres que no tienen ni entendimiento ni voluntad. Otra diferencia entre el poder que es propiamente llamado así y el que no lo es es que el primero no implica necesariamente conexión con el acto. Porque un hombre tenga el poder de caminar no se sigue que camine en este momento; por el contrario, el poder de caminar implica el poder de no caminar. Si un hombre tiene el mal llamado «baile de San Vito» no decimos que tiene el poder de moverse sino que se mueve necesariamente o que no tiene el poder de estar en reposo. Porque el poder propiamente llamado así es incompatible con la necesidad. Por el contrario, los poderes que adscribimos a las cosas inanimadas están siempre unidos a la necesidad y deben, a no ser que ocurra un milagro, ejercerse hasta el máximo cada vez que se dan las circunstancias que por las leyes de la naturaleza son necesarias para su ejercicio.

De aquí se sigue que el poder, cuando lo adscribimos a un ser inteligente, es una cosa esencialmente diferente de los poderes adscritos a los seres inanimados. Y su definición es tan diferente como su naturaleza. Cuando un acontecimiento depende de la voluntad de un ser inteligente decimos que está en su poder. Y aunque no tenga ni voluntad ni inclinación para producir el acontecimiento, [y] aunque no se vaya a producir nunca, no está, según esa explicación, menos en su poder. Su poder se ejerce sólo de acuerdo con su voluntad y cuando no hay voluntad de ejercerlo está latente y no produce ningún efecto.

Cuando adscribimos poder a las cosas inanimadas no queremos decir nada más que existe una conjunción constante debida a las leyes de la naturaleza que la experiencia descubre entre el acontecimiento que llamamos efecto y algo que va antes de él. Por eso decimos que el sol tiene poder para mantener a los planetas en sus órbitas, que el calor tiene poder para derretir el plomo, y el frío para congelar el agua. Si el ignorante se deja llevar por la ambigüedad de la palabra concebirá un poder eficiente en el sol, el calor o el frío para producir los efectos que se les adscriben; es un error común que la filosofía enmienda. Por qué agente se producen estos efectos, no lo sabemos, pero tenemos buenos motivos para creer que no se pueden producir por la materia inanimada.

Esta distinción entre el significado propio y el vago o popular de la palabra «poder» es importante para el intrincado asunto de la libertad y la necesidad. Los defensores de la necesidad deben mantener o que no existe tal distinción y que «poder» no tiene más significado que el de ser una conjunción constante de aquello que llamamos causa y efecto —que es la opinión de David Hume— o, si admiten que podemos concebir un poder que es realmente eficiente, deben decir que no hay ni puede haber poder tal en el universo.

ENSAYOS SOBRE LOS PODERES INTELECTUALES DEL HOMBRE.
ENSAYO VI: «DEL JUICIO». CAPÍTULO VI: «LOS PRIMEROS
PRINCIPIOS DE LAS VERDADES NECESARIAS»[1]

Sobre la mayoría de los primeros principios de las verdades necesarias no ha habido ninguna disputa y, por tanto, es innecesario insistir en ellos. Bastará con dividirlos en clases diferentes, mencionar algunos de cada clase por la vía de ejemplo y hacer algunos incisos en aquellos cuya verdad ha sido cuestionada.

Pueden, creo, dividirse con la mayor propiedad según las ciencias a las que pertenecen.

1. Hay algunos principios que pueden ser llamados *gramaticales*, tal y como que *todo adjetivo inserto en una frase debe pertenecer a algún sustantivo expreso o implícito*, que *toda frase completa debe tener un verbo*.

Aquellos que han prestado atención a la estructura del lenguaje y se han formado nociones claras de la naturaleza y el uso de las diferentes partes del habla percibirán, sin razonamiento alguno, que estos y muchos otros de tales principios son necesariamente verdad.

2. Hay axiomas *lógicos* tales como que *cualquier disposición de palabras que no construye una proposición no es verdadera ni falsa*, que *toda proposición es o verdadera o falsa*, que *ninguna proposición puede ser verdadera y falsa al mismo tiempo*, que *el razonamiento en círculo no prueba nada*, que *cualquier cosa*

---

[1] Traducimos el texto de la edición clásica de Sir William Hamilton, Thomas Reid, *Philosophical Works*.

que pueda con verdad afirmarse de un género puede con verdad afirmarse de todas sus especies y de todos los individuos que pertenecen al género.

3. Todo el mundo sabe que hay axiomas *matemáticos*. Desde los días de Euclides, los matemáticos han establecido muy sabiamente los axiomas o primeros principios sobre los que razonan. Y el efecto que esto parece haber tenido sobre la estabilidad y feliz progreso de esta ciencia otorga no poco ánimo para intentar establecer de manera similar, tanto como podamos, los fundamentos de las otras ciencias.

Mr. Hume ha descubierto, según entiende, un lado débil incluso en los axiomas matemáticos y piensa que no es estrictamente verdad, por ejemplo, que dos líneas rectas se corten una a otra en un solo punto.

La razón que da de esto es que cada idea simple es copia de una impresión precedente y, por tanto, siendo precisos y exactos, no puede ir nunca más allá de su original. De lo cual arguye como sigue: ningún hombre ha visto ni sentido nunca una línea tan recta que no pudiese cortar a otra, igualmente recta, en dos o más puntos. Por tanto, no puede haber idea alguna de tal línea.

Las ideas que son más esenciales a la geometría —tales como las de igualdad, de línea recta, de superficie cuadrada— distan mucho —dice— de ser entidades claras y determinadas y las definiciones destruyen esas pretendidas demostraciones. La demostración matemática, entonces, resulta ser un falso suelo firme[2].

Estoy de acuerdo con este agudo autor en que si no pudiéramos formar ninguna noción de puntos, líneas y superficies más exactamente que aquellas que vemos y manejamos no podría haber demostración matemática.

Pero todo hombre que tenga entendimiento, a través del análisis, la abstracción y componiendo los rudos materiales mostrados por los sentidos, puede tejer en su propia mente las elegan-

---

² La expresión que se utiliza en el texto es *a rope of sand.*

tes y exactas formas de las líneas, superficies y sólidos matemáticos.

Si un hombre se encontrara a sí mismo incapaz de formar una noción precisa y determinada de la figura que los matemáticos llaman cubo, no solamente no es matemático sino que no puede serlo. Pero si tiene una noción precisa y determinada de esa figura, debe percibir que está formada por seis superficies matemáticas perfectamente cuadradas y perfectamente iguales. Debe percibir que esas superficies están formadas por doce líneas matemáticas, perfectamente rectas y perfectamente iguales, y que esas líneas están formadas por ocho puntos matemáticos.

Cuando un hombre es consciente de tener esos conceptos claros y determinados, como todo matemático lo es, en vano se traen argumentos metafísicos para convencerle de que no son claros. Uno también puede traer argumentos para convencer a un hombre atormentado por el dolor de que no siente dolor.

Toda teoría inconsistente con que tenemos nociones exactas de líneas, superficies y sólidos matemáticos debe ser falsa. Se sigue, por tanto, que no son copias de nuestras impresiones.

La Venus de Médicis no es una copia del bloque de mármol del cual fue hecha. Es verdad que esa elegante estatua fue extraída del rudo bloque, y también por una operación manual que, en sentido literal, podemos llamar abstracción. Las nociones matemáticas se forman en el entendimiento por una abstracción de otra clase, distinta de las rudas percepciones de nuestros sentidos.

Como las verdades de la filosofía natural no son verdades necesarias sino contingentes, dependientes de la voluntad del Hacedor del mundo, los principios de los que se deducen deben ser de la misma naturaleza y, por tanto, no pertenecen a esta clase.

4. Creo que hay axiomas incluso en los asuntos del *gusto*. No obstante la variedad encontrada entre los hombres en los asuntos del gusto, hay, concibo, algunos principios comunes incluso en los asuntos de esta clase. Nunca he oído hablar de un hombre que considerara bello un rostro humano al que le faltara la nariz, un ojo o

que tuviera la boca en uno de los lados. ¡Cuántas edades han pasado desde los días de Homero! Aún en este periplo de edades nunca se encontró un hombre que considerara bello a Tersites[3].

Las *bellas artes* son llamadas con mucha propiedad *artes del gusto*, porque los principios de ambas son los mismos y, en las bellas artes, no encontramos menos acuerdo entre los que las practican que entre otros artistas.

Ninguna obra del gusto puede ser disfrutada o comprendida por los que no comparten los principios del gusto con el autor.

Homero y Virgilio, Shakespeare y Milton tienen el mismo gusto. Y todos los hombres que han conocido sus escritos y están de acuerdo en admirarlos deben tener el mismo gusto.

Las reglas fundamentales de la poesía y la música, la pintura, la acción dramática y la elocuencia han sido siempre las mismas y serán así hasta el fin del mundo.

La variedad que encontramos entre los hombres en asuntos de gusto se explica fácilmente y consistentemente por lo que hemos adelantado.

Hay un gusto que es adquirido y un gusto que es natural. Esto se sostiene tanto respecto del sentido externo del gusto como del interno. El hábito y la moda tienen una poderosa influencia sobre ambos.

De los gustos que son naturales hay algunos que pueden ser llamados racionales, otros que son meramente animales.

Los niños disfrutan con colores brillantes y llamativos, con retozos y risa ruidosa, con proezas de agilidad, fuerza o astucia. Y los salvajes comparten mucho del mismo gusto con los niños.

Pero hay gustos que son más intelectuales. Es dictado de nuestra naturaleza racional que el amor y la admiración desaparezcan cuando no hay dignidad intrínseca en el objeto.

---

[3] Cf. *Ilíada* II, 211 ss. Según Homero, Tersites era el más feo y cobarde de todos los griegos que participaban en la guerra de Troya. Vid. Pierre Grimal, *Diccionario de mitología griega y romana*, Paidós, Barcelona 1993, pp. 504-505.

En esas operaciones del gusto que son racionales, juzgamos la dignidad real y la excelencia del objeto y nuestro amor o admiración se guía por tal juicio. En tales operaciones hay tanto juicio como sentimiento y el sentimiento depende del juicio que formamos del objeto.

No mantengo que el juicio, en tanto que es adquirido o en tanto que es meramente animal, pueda ser reducido a principios. Pero, en tanto que se funda en el juicio, ciertamente se puede.

Las virtudes, las gracias, las musas, tienen una belleza intrínseca. No descansa en los sentimientos del espectador, sino en la excelencia real del objeto. Si no percibimos su belleza, se debe a defecto o perversión de nuestras facultades.

Y así como hay una belleza original en ciertas cualidades morales e intelectuales, así hay una belleza prestada y derivada en los signos naturales y en las expresiones de tales cualidades.

Los rasgos del rostro humano, las modulaciones de la voz, las proporciones, actitudes y gesto del cuerpo, son todas expresiones naturales de cualidades buenas o malas de la persona y obtienen una belleza o una deformidad de las cualidades que expresan.

Las obras de arte expresan alguna cualidad del artista y a menudo obtienen una belleza adicional de su utilidad o adecuación a sus fines.

De tales cosas hay algunas que deben agradar y otras que deben desagradar. Si no lo hacen, se debe a un defecto del espectador. Pues lo que tiene una excelencia real siempre agradará a los que tienen un juicio correcto y un profundo corazón.

El total de lo que se ha dicho sobre el asunto es que, dejando a un lado los gustos que los hombres adquieren por hábito y moda, hay un gusto natural que es en parte animal y en parte racional. En lo que se refiere al primero todo lo que podemos decir es que el Autor de la naturaleza, por sabios motivos, nos ha hecho así para recibir placer de la contemplación de ciertos objetos y disgusto de otros antes de que seamos capaces de percibir una excelencia real en una o un defecto en el otro. Pero ese gusto al que podemos llamar racional es aquella parte de nuestra constitución por la que estamos hechos para recibir placer de la contemplación de lo que concebimos que es excelente en su clase, el placer es añadido a su juicio y está regulado por él. Este gusto puede ser verdadero o falso según esté fundado en un juicio verdadero o falso. Y, si puede ser verdadero o falso, debe tener primeros principios.

5. Hay también primeros principios en la *moral*.

Que *una acción injusta tiene más demérito que una falta de generosidad;* que *una acción generosa tiene más mérito que una simplemente justa;* que *ningún hombre debe ser culpado de lo que no estaba en su poder impedir;* que *no debemos hacer a otros lo que consideramos injusto o desleal que nos hagan en iguales circunstancias.* Esos son axiomas morales y se podrían nombrar otros muchos que me parece que no tienen menos evidencia que los de la matemática.

Algunos, quizás, pueden pensar que nuestras determinaciones, ya sea en asuntos de gusto o en moral, no deben ser consideradas verdades necesarias. Que están fundadas sobre la constitución de esa facultad que llamamos gusto y en aquella que llamamos sentido moral o conciencia. Esas facultades podrían haber sido constituidas para haber dado determinaciones diferentes e incluso contrarias a las que ahora dan: que, así como no hay nada dulce o amargo en sí mismo, sino según concuerde o desacuerde con el sentido externo llamado gusto, así no hay belleza o fealdad en sí mismas sino según concuerde o desacuerde con el sentido interno al que también llamamos gusto; y no hay nada moralmente bueno o malo en sí mismo sino según concuerde o desacuerde con nuestro sentido moral.

Es este, en verdad, un sistema —en lo que se refiere a la moral y al gusto— que ha sido apoyado en tiempos modernos por grandes autoridades. Y, si este sistema fuera verdadero, la consecuencia debería ser que no puede haber principios ni del gusto ni de la moral que sean verdades necesarias. Puesto que, según este sistema, todas nuestras determinaciones, tanto las que se refieren a asuntos de gusto como las que se refieren a la moral se reducen a cuestiones de hecho. Quiero decir a tales como esos de que por nuestra constitución tenemos en ocasiones ciertos sentimientos agradables y en otras ocasiones ciertos sentimientos desagradables.

Pero no puedo evitar ser de una opinión contraria al estar persuadido de que un hombre que determinase que la conducta educada es de enorme deformidad y que se da la mayor belleza en la rudeza y la mala educación, se equivocaría cualquiera que fuesen sus sentimientos.

De manera semejante no puedo evitar pensar que un hombre que determinase que hay más dignidad moral en la crueldad, la perfidia y la injusticia que en la generosidad, la justicia, la prudencia y la templanza, juzgaría mal, cualquiera que fuese su constitución.

Y, si fuera verdad que hay juicio en nuestras determinaciones de gusto y moral, debe concederse que lo que es verdadero o falso en moral o en asuntos de gusto es necesariamente así. Por esta razón he clasificado los primeros principios de la moral y del gusto bajo la clase de las verdades necesarias.

6. A la última clase de primeros principios que voy a mencionar la podemos llamar *metafísica*.

Particularmente consideraré tres de ellos porque han sido puestos en duda por Mr. Hume.

El *primero* es que *las cualidades que percibimos por nuestros sentidos deben tener un sujeto al que llamamos cuerpo* y que *los pensamientos de los que somos conscientes deben tener un sujeto al que llamamos mente.*

Que dos más dos son cuatro no es más evidente que lo es el que una figura no puede existir a menos que haya algo que sea figurado, ni el movimiento sin algo que sea movido. No sólo percibo la figura y el movimiento, también percibo que son cualidades. Tienen una relación necesaria con algo en lo que existen como sus sujetos. La dificultad que algunos filósofos han encontrado en admitir esto se debe enteramente a la teoría de las ideas[4]. Un sujeto de las cualidades sensibles que percibimos por los sentidos no es una idea ni de la sensación ni de la conciencia. Por tanto, dicen que no tenemos tal idea. O, para decirlo al estilo de Mr. Hume: ¿De qué impresión se deriva la idea de sustancia? No es una copia de ninguna impresión, por tanto no hay tal idea.

La distinción entre cualidades sensibles y la sustancia a la que pertenecen y entre pensamiento y la mente que piensa no es invención de los filósofos; se encuentra en la estructura de todas las lenguas y debe, por tanto, ser común a todos los hombres que hablan con sentido. Y no creo que ningún hombre, por muy escéptico que pueda ser en su especulación, pueda hablar ni media hora sobre los asuntos ordinarios de la vida sin decir cosas que impliquen su creencia en la realidad de estas distinciones.

Mr. Locke reconoce: «No podemos concebir cómo las ideas simples de las cualidades sensibles pueden subsistir solas; y, por tanto, suponemos que existen en, y son sustentadas por, algún sujeto común». Es verdad que en su *Ensayo* algunas de sus expresiones parecen dejarnos en duda sobre si la creencia de que las cualidades sensibles deben tener un sujeto es un juicio verdadero o un vulgar prejuicio. Pero en su primera carta al Obispo de Worcester hace desaparecer esa duda y cita muchos textos de su *Ensayo* mostrando que ni negó ni dudó de la existencia de sustancias, tanto pensantes como materiales, y que creía en su existencia sobre el mismo fundamento con que lo hacía el Obispo, es decir, «por lo que repugna a nuestra mente que los modos y los accidentes puedan existir por sí mismos». No ofrece ninguna prueba de esa repugnancia ni creo que pueda darse prueba alguna, porque es un primer principio.

Hubiera sido deseable que Mr. Locke, que investigó con tanta agudeza y tan laudablemente el origen, certeza y extensión del conocimiento humano, hubiera vuelto su atención más concretamente al origen de esas dos opiniones en las que firmemente creyó, es decir, que las cualidades sensibles deben tener un sujeto al que llamamos cuerpo y que el pensamiento debe tener un sujeto al que llamamos mente. Una debida atención a estas dos opiniones que gobiernan la creencia de todos los hombres, incluso de los escépticos en la práctica de la vida, probablemente le hubiera llevado a percibir que la sensación y la conciencia no son las únicas fuentes del conocimiento humano y que en la naturaleza humana hay principios de creencia de los que no podemos dar otra explicación sino que necesariamente resultan de la constitución de nuestras facultades y que, si estuviera en nuestro poder quitarnos de encima su influencia sobre nuestra práctica y conducta, no podríamos hablar ni actuar como hombres razonables.

No podemos ni incluso dar una razón de por qué creemos que nuestras sensaciones son reales y no falaces, de por qué creemos en lo que somos conscientes, de por qué confiamos en cualquiera de nuestras facultades naturales. Decimos que debe ser así y que no puede ser de otra forma. Esto solamente expresa una fuerte creencia, que es, en verdad, la voz de la naturaleza que en vano intentamos resistir. Pero si, a pesar de la naturaleza, resolvemos ir más allá y no confiar en nuestras facultades sin una razón para mostrar que no pueden ser falaces, me temo que, buscando ser sabios y ser como dioses, nos volveremos tontos e, insatisfechos con la suerte de la humanidad, despreciaremos el sentido común.

El *segundo* principio metafísico que voy a tratar es que *todo lo que comienza a existir debe tener una causa que lo ha producido.*

Por este motivo, entre otros, la filosofía está en deuda con Mr. Hume por cuestionar muchos de los primeros principios del conocimiento humano; ha puesto a los especulativos a investigar más cuidadosamente que antes la naturaleza de la evidencia sobre la que descansan. La verdad nunca puede sufrir por una sincera investigación; puede soportar ser vista desnuda a la más fuerte luz y el examen más estricto se volverá a su favor. Creo que Mr. Hume fue el primero que puso en cuestión si las cosas que comienzan a existir deben tener una causa.

Con respecto a este punto se deben sostener una de estas tres cosas: o que es una opinión para la que no tenemos evidencia y que los hombres tontamente han aceptado sin fundamento; o, *en segundo lugar*, que es capaz de una prueba directa por un argumento; o, *tercero*, que es auto-evidente y no necesita prueba sino que debe ser recibida como un axioma que no puede ser puesto en cuestión por hombres razonables.

La primera de esas suposiciones acabaría con toda la filosofía, con toda la religión, con todo razonamiento que nos lleve más allá de los objetos de los sentidos y con toda la prudencia en la conducta de la vida.

Con respecto a la segunda suposición, que dice que este principio puede ser probado por razonamiento directo, mucho me temo que encontraremos extremadamente difícil, si no completamente imposible, probarlo.

Sólo conozco tres o cuatro argumentos que han sido usados por los filósofos, en la forma de razonamientos abstractos, para probar que las cosas que empiezan a existir deben tener una causa.

Uno lo da Mr. Hobbes, otro el Dr. Samuel Clarke, otro Mr. Locke. Mr. Hume en su *Tratado de la Naturaleza Humana* los ha examinado todos y, en mi opinión, ha mostrado que dan por probado lo que tienen que probar, una clase de falso razonamiento en que los hombres caen muy fácilmente cuando intentan probar lo que es auto-evidente.

Se ha pensado que, aunque este principio no admita prueba a través del razonamiento abstracto, puede ser probado por la experiencia y puede ser justamente obtenido por inducción desde ejemplos que caen bajo nuestra observación.

Pienso que este método de prueba nos dejará con grandes dudas por estas tres razones:

Primero porque la proposición a probar no es una proposición contingente sino *necesaria*. No es que comúnmente las cosas que comienzan a existir tengan una causa, ni incluso que ellas siempre de hecho tengan una causa, sino que deben tener una causa y no pueden empezar a existir sin una causa.

Las proposiciones de esta clase, de su naturaleza, no se pueden probar por inducción. La experiencia nos informa de lo que *es* o *ha sido*, no de lo que *debe ser*, y la conclusión debe ser de la misma naturaleza que las premisas.

Por esta razón, ninguna proposición matemática puede ser probada por inducción. Aunque se encontrara en mil casos por experiencia que el área de un triángulo plano es igual al rectángulo bajo la altura y la mitad de la base[5], esto no probaría que debe ser así en todos los casos y no puede ser de otra manera. Eso es lo que el matemático afirma.

De igual modo, aunque tengamos la más abundante prueba experimental de que las cosas que han empezado a existir tengan una causa, eso no probaría que deben tener una causa. La experiencia puede mostrarnos el curso establecido de la naturaleza, pero nunca puede mostrarnos qué conexiones de cosas están en su naturaleza necesaria.

En *segundo* lugar, las máximas generales fundadas en la experiencia tienen solamente un grado de probabilidad proporcionado a la extensión de nuestra experiencia y debe siempre entenderse así para dejar espacio a las excepciones si la experiencia futura descubre alguna.

La ley de la gravitación tiene una prueba tan completa de la experiencia y de la inducción como se pueda suponer que tenga

---

[5] La expresión completa de esta definición sería como sigue: el área de un triángulo plano es igual al área de un rectángulo cuya base es la altura del triángulo y cuya altura es la mitad de la base del triángulo.

cualquier principio. Así, si un filósofo, a través de un experimento manifiesto, mostrase que hay una clase de materia en algunos cuerpos que no gravita, la ley de la gravitación debe ser limitada por esa excepción.

Ahora bien, es evidente que los hombres nunca han considerado el principio de necesidad de las causas como una verdad de esta clase que puede admitir limitación o excepción, por tanto no se ha incluido en esta clase de evidencia.

Tercero, no veo que la experiencia pueda convencernos de que todo cambio en la naturaleza tiene de hecho una causa.

En la inmensa mayoría de los cambios de la naturaleza que caen bajo nuestra observación, las causas nos son desconocidas y, por tanto, por experiencia, no podemos saber si tienen causas o no.

La causación no es objeto de los sentidos. La única experiencia que tenemos de ella está en la conciencia que tenemos de ejercer algún poder al ordenar nuestros pensamientos y acciones. Pero, con seguridad, esta experiencia es un fundamento demasiado estrecho para una conclusión general: que todas las cosas que han tenido o tendrán un comienzo deben tener una causa.

Por estas razones, este principio no se puede obtener de la experiencia más que desde el razonamiento abstracto.

La *tercera* suposición es que tiene que admitirse como un principio primero o auto-evidente. Dos razones se pueden aducir para esto.

1. El asentimiento universal de la especie humana, no sólo de los filósofos, sino del rudo e inculto vulgo.

Mr. Hume, por lo que yo sé, fue el primero que expresó alguna duda sobre este principio. Y cuando consideramos que ha rechazado todos los principios del conocimiento humano, excepto el de la conciencia, y que ni incluso le han sobrado los axiomas de la matemática, su autoridad tiene poco peso.

En verdad, en lo que se refiere a los primeros principios, no hay motivo por el que la opinión de un filósofo deba tener más autoridad que la de cualquier otro hombre de sentido común que se haya acostumbrado a juzgar en tales casos. El vulgo iletrado es un juez competente y el filósofo no tiene prerrogativa en asuntos de este tipo y se puede confiar más en él que en aquellos que son descarriados por un sistema favorito, especialmente si es el suyo propio.

Dejando a un lado la autoridad de Mr. Hume, ¿qué filosofía, desde que los hombres empezaron a filosofar, no se ha usado sino para investigar las causas de las cosas? Esto ha sido así siempre y lo vemos cuando trazamos su genealogía hasta su cuna. ¿Entró alguna vez en la cabeza de un hombre, antes de los filósofos que hemos mencionado, hacer la pregunta previa de si las cosas tienen una causa o no? Si se pensara que no pueden se podría presumir que, al asignar una variedad de causas absurdas y contradictorias, alguno hubiera recurrido a tal hipótesis.

Concibieron que el mundo surgía de un huevo, de una lucha entre el amor y el odio, entre lo húmedo y lo seco, entre el calor y el frío, pero nunca supusieron que no tenía causa. No conocemos ninguna secta atea que haya recurrido a este asunto aunque, por él, podrían haber evadido todos los argumentos que pudiesen haberse esgrimido contra ellos y resuelto todas las objeciones a su sistema.

Pero, más que adoptar tal absurdo, idearon alguna causa imaginaria —tal como la casualidad, un concurso de átomos, o la necesidad— como la causa del universo.

Las explicaciones que los filósofos han dado tanto de los fenómenos particulares como del universo en general proceden del mismo principio. Que todo fenómeno debe tener una causa se ha admitido siempre. *Nil turpius physico*, dice Cicerón, *quam fieri sine causa quicquam dicere*[6]. Aunque académico, fue dogmático

---

[6] La traducción sería: «Nada hay más vergonzoso para un físico que decir que algo se hace sin causa». La palabra «físico» hay que entenderla en el sentido genérico de aquel que se ocupa cognoscitivamente de la naturaleza bajo cualquier perspectiva.

en este punto. Y Platón, el padre de la Academia, no lo fue menos: «Παντὶ γὰρ ἀδύνατον χωρὶς αἰτίου γένεσιν σχεῖν (es imposible que algo se origine sin causa)» — Timeo.

Creo que Mr. Hume fue el primero que sostuvo lo contrario. Él, en verdad, reconoce y asume el honor del descubrimiento: «Es —dice— una máxima en filosofía que todo lo que empieza a existir debe tener una causa de su existencia. Esto se admite comúnmente en todos los razonamientos sin que se dé ni demande prueba alguna. Se supone que se funda en la intuición y que es una de esas máximas que, aunque se puedan negar con la boca, es imposible que los hombres realmente duden de ella en sus corazones. Pero, si examinamos esta máxima a la luz de la idea de conocimiento arriba expuesta, no descubriremos en ella ninguna señal de tal certeza intuitiva». Esto parece significar que no se ajustaba con su teoría de la certeza intuitiva y, por tanto, la excluía de tal privilegio.

El vulgo se adhiere a esta máxima tan firme y universalmente como los filósofos. Sus supersticiones tienen el mismo origen que los sistemas de los filósofos, a saber, el deseo de conocer las causas de las cosas. *Felix qui potuit rerum cognoscere causas*[7], es el sentido universal de los hombres; decir que algo puede ocurrir sin causa, hiere el sentido común de un salvaje.

Esta creencia universal de la especie humana se explica fácilmente si dejamos que la necesidad de la causa de cada acontecimiento sea obvia a los poderes racionales del hombre. Es imposible explicarlo de otra forma. No puede adscribirse ni a la educación, ni a los sistemas de filosofía, ni al poder de los sacerdotes. Uno pensaría que el filósofo que lo toma por ser una ilusión general o un prejuicio se esforzaría por mostrar de qué causas puede surgir ese error general en la naturaleza humana. Pero olvido que Mr. Hume podría responder desde sus propios prin-

---

⁷ Se podría traducir como: «Feliz el que pudo conocer las causas de las cosas».

cipios que, ya que las cosas pueden ocurrir sin causa, este error
e ilusión de los hombres puede ser universal sin causa alguna.

2. Una segunda razón por la que concibo que este es un primer principio es porque la especie humana no solamente asiente a él en la especulación, sino que la práctica de la vida se funda
en él en los asuntos más importantes, incluso en aquellos casos
en los que la experiencia nos deja en duda; y es imposible actuar
con la prudencia común si lo dejamos a un lado.

En las grandes familias ocurren tantas cosas malas hechas
por cierto personaje llamado *Nadie*, que es proverbial que en
cada casa hay un Nadie que hace una gran cantidad de trave-
suras. Y donde existe la inspección y gobierno más minuciosos
pasarán muchas cosas de las que no se pueda encontrar otro
autor. De tal manera que, si confiamos en este asunto solamente en la experiencia, encontraremos que Nadie es una persona muy activa y que tiene una no poca y considerable parte
en la dirección de las cosas. Pero cualquiera que sea la apariencia que este sistema pueda tener de provenir de la experiencia, choca demasiado con el sentido común como para no
convencer ni a los más ignorantes. Un niño sabe, cuando se le
retira su trompo o cualquiera de sus juguetes, que alguien debe
hacerlo. Quizás no sea difícil convencerlo de que lo ha hecho
un ser invisible, pero no puede creer que no lo ha hecho
nadie.

Supóngase que la casa de un hombre aparece alborotada, su
dinero y sus joyas desaparecidas. Tales cosas han ocurrido innumerables veces sin causa aparente; si en tal caso el hombre tiene
que guiarse por la experiencia, ¿cómo debe comportarse? Debe
poner en el plato de una balanza las veces en las que se halló la
causa de tal acontecimiento y en el otro platillo las veces en las
que no se encontró, y el platillo que más pese debe determinar
si es más probable que haya una causa de tal acontecimiento o
que no haya ninguna. ¿Hubiera recurrido cualquier hombre de
entendimiento común a tal recurso para dirigir su juicio?

Supóngase que se encuentra a un hombre muerto en el camino, el cráneo fracturado, su cuerpo atravesado por heridas mortales, su reloj y su dinero desaparecidos. El jurado del magistrado examina el cuerpo y hace la pregunta: ¿cuál fue la causa de la muerte de este hombre? —¿fue un accidente, o *felo de se*[8], o asesinado por personas desconocidas?—. Supongamos que un adepto a la filosofía de Mr. Hume está en el jurado y que insiste sobre la pregunta previa de si hubo alguna causa del acontecimiento o si ocurrió sin causa.

Con seguridad se podría decir una gran cantidad de cosas sobre este punto siguiendo los principios de Mr. Hume y, si tuviera que decidir el asunto por la experiencia pasada, sería dudoso sobre a qué lado se inclinaría el peso del argumento. Pero nos atrevemos a decir que si Mr. Hume hubiera estado en tal jurado hubiera dejado a un lado sus principios filosóficos y hubiera actuado según los dictados de la prudencia común.

Se podrían mostrar muchos textos, incluso en los escritos filosóficos de Mr. Hume, en los que, inconsciente, le traiciona la misma convicción interna de la necesidad de las causas que es común en otros hombres. Citaré sólo uno, en el *Tratado de la Naturaleza Humana,* en aquella parte donde combate este mismo principio: «Decir cuál es la causa última de estas impresiones —dice— que llegan a los sentidos es, en mi opinión, completamente inexplicable por la razón humana. Siempre será imposible decidir con certeza si nacen inmediatamente del objeto, si son producidos por el poder creativo de la mente o se derivan del Autor de nuestro ser».

Entre estas alternativas nunca pensó en no hacerlas proceder de causa alguna.

---

[8] *Felo de se* es una expresión que hace referencia, aunque impropiamente y ese es aquí su sentido, al suicidio. Con propiedad se refiere al acto de matarse a sí mismo deliberadamente o accidentalmente mientras se comete felonía. Vid. Victor-José Herrero Llorente, *Diccionario de expresiones y frases latinas,* Gredos, Madrid 1980.

Los argumentos que Mr. Hume da para probar que éste no es un principio auto-evidente son tres. *Primero*, que toda certeza nace de una comparación de ideas y de un descubrimiento de sus relaciones inalterables, ninguna de cuyas relaciones implica esta proposición: que todo lo que tiene un comienzo debe tener una causa de su existencia. Esta teoría de la certeza ha sido examinada antes.

El *segundo* argumento es que cualquier cosa que podamos concebir es posible. Esto ha sido igualmente examinado.

El *tercer* argumento es que lo que llamamos causa es sólo algo antecedente y siempre unido al efecto. Esta es también una de las doctrinas peculiares de Mr. Hume que tendremos ocasión de considerar más adelante. Es suficiente observar aquí que podemos aprender de ello que la noche es causa del día y el día causa de la noche ya que ningunas otras dos cosas se han seguido una de otra más constantemente desde el comienzo del mundo.

El [*tercer* y] *último* principio metafísico que menciono, al cual se opone el mismo autor, es que *el designio y la inteligencia de la causa pueden inferirse, con certeza, de señales o signos suyos en el efecto.*

La inteligencia, el designio y la habilidad no son objetos de los sentidos externos ni podemos ser conscientes de ellos en persona alguna sino en nosotros mismos. Incluso en nosotros mismos no podemos con propiedad decir que somos conscientes de los talentos naturales o adquiridos que poseemos. Somos conscientes solamente de las operaciones de la mente en las cuales se ejercen. En verdad, un hombre llega a saber sus propias habilidades mentales sólo cuando conoce las de otro hombre, por los efectos que producen, cuando hay oportunidad de ponerlas en práctica.

La sabiduría de un hombre nos es conocida sólo por sus signos en la conducta; su elocuencia por sus signos en el habla. De la misma manera juzgamos su virtud, su fortaleza y todos sus talentos y virtudes.

Aún hay que observar que juzgamos de los talentos de los hombres con tan poca duda y titubeo como juzgamos de los objetos inmediatos del sentido.

Una persona, estamos seguros, es un perfecto idiota; otro, que finge idiotez para librarse de un castigo, es hallado en juicio con un entendimiento sano y la responsabilidad de sus actos. Percibimos que uno es franco, el otro astuto; uno ignorante, el otro muy sagaz; uno torpe de entendimiento, el otro rápido. Todo hombre forma tales juicios de aquellos con los que conversa y los asuntos normales de la vida dependen de tales juicios. Podemos hacer tan poco para eludirlos como podemos eludir ver lo que está ante nuestros ojos.

De esto resulta que no forma menos parte de la constitución humana juzgar los caracteres de los hombres y sus poderes intelectuales según sus signos en sus acciones y discursos que juzgar los objetos corpóreos por los sentidos; que tales juicios son comunes a toda la raza humana que está dotada de entendimiento y que son absolutamente necesarios en la conducta de la vida.

Ahora, todo juicio que formamos de esta clase es sólo una aplicación particular del principio general que dice que la inteligencia, la sabiduría y otras cualidades mentales de la causa se pueden inferir de sus señales o signos en el efecto.

Las acciones y discursos de los hombres son efectos de los cuales los actores y hablantes son las causas. Los efectos son percibidos por nuestros sentidos; pero las causas están detrás del escenario. Concluimos su existencia y sus grados de nuestra observación de los efectos.

De una conducta sabia inferimos sabiduría en la causa; de acciones valientes inferimos valor y así en los otros casos.

Esta inferencia es hecha con seguridad perfecta por todos los hombres. No podemos evitarla; es necesaria en la conducta ordinaria de la vida; tiene, por tanto, las señales más fuertes de ser un primer principio.

Quizás algunos puedan pensar que este principio se puede obtener por razonamiento o por experiencia y, por tanto, que no hay fundamento para pensar que es un primer principio.

Si se pudiera mostrar que se obtiene por razonamiento, por todos, o la mayor parte de estos que son regidos por él, reconoceré prontamente que no se debe considerar como un primer principio. Pero capto que lo contrario resulta de argumentos muy convincentes.

Primero, el principio es demasiado universal para ser efecto del razonamiento. Es común a los filósofos y al vulgo, a los cultos y a los más iletrados, a los civilizados y a los salvajes. Y de esos que están regidos por él ni uno entre diez mil puede dar razón de él.

Segundo, encontramos filósofos, antiguos y modernos, que pueden razonar con excelencia en asuntos que admiten razonamiento, que cuando tienen ocasión de defender este principio no ofrecen razones para ello ni ningún *medium* de prueba, sino que apelan al sentido común de la especie humana, mencionan ejemplos particulares para mostrar lo absurdo de la más aparente opinión contraria y algunas veces usan las armas del ingenio y del ridículo, que son armas apropiadas para refutar cosas absurdas pero que generalmente son impropias en puntos que tienen que ser determinados por razonamiento.

Para confirmar esta observación citaré a dos autores, uno antiguo y otro moderno, que han muy expresamente asumido la defensa de este principio más que ningún otro que yo recuerde haber conocido y cuyos buenos sentidos y habilidades para razonar —donde es propio el razonamiento— no pueden ponerse en duda.

El primero es Cicerón, cuyas palabras (*lib.* I, *cap.* 13 *De Divinatione*) pueden ser traducidas así:

«¿Puede algo hecho por casualidad tener todas las señales del designio? Cuatro dados pueden por casualidad sacar cuatro ases; pero, ¿crees que cuatrocientos dados lanzados al azar sacarán cuatrocientos ases? Colores arrojados a un lienzo sin propósito pueden tener alguna semejanza con el rostro humano; pero, ¿piensas que pueden hacer un retrato tan bello como la Venus de Cos? Un cerdo revolviendo el suelo con su hocico puede hacer algo de la forma de la letra A; pero, ¿piensas que un cerdo puede escribir en el suelo la Andrómaca de Ennio[9]? Carnéades[10] se imaginó que en las canteras de Quíos encontró en una piedra rota una representación de un pequeño Pan o deidad silvana. No dudo que pudiera encontrar una figura semejante; pero con seguridad no tal como aquella que dirías que ha sido hecha por un excelente escultor como Escopas[11]. Puesto que así, en verdad, es el caso que la casualidad nunca imita perfectamente al designio». Hasta aquí Cicerón.

Ahora, en todo este discurso veo muy buen sentido y virtudes aptas para convencer a todas las mentes sin prejuicios. Pero no veo en todo él ni un solo paso de razonamiento. Es simplemente una apelación al sentido común de todos los hombres.

Veamos ahora cómo el mismo punto es sostenido por el excelente Arzobispo Tillotson (Primer Sermón, vol. I):

«Apelo a todo hombre de razón, ¿puede algo ser más irracional que imputar obstinadamente un efecto a la casualidad cuando lleva en su rostro todos los argumentos y caracteres de un designio? ¿Hizo alguna vez el azar una obra de envergadura en la que se requiriera una gran cantidad de partes y un ordenado y regular ajuste de esas partes? ¿Ajustará el azar los medios a los fines y de diez mil casos no fallará ni en uno solo? ¿Cuántas veces tendrá un hombre, después de revolver un conjunto de letras en una bolsa, que arrojarlas al suelo antes de que salga un poema exacto, sí, o tantas como para hacer un buen discurso en prosa?

---

[9] Quinto Ennio (240-170 a. de C.), poeta latino que se consideraba a sí mismo la reencarnación de Homero.

[10] Filósofo griego que vivió del 219 al 126 a. de C. Jefe de la que se denominó «nueva Academia».

[11] Escultor y arquitecto griego del siglo IV a. de C.

¿No se hace un pequeño libro más fácilmente que este gran volumen del mundo? ¿Durante cuánto tiempo puede un hombre esparcir con mano descuidada colores sobre un lienzo antes de que formen el retrato perfecto de un hombre? ¿Y se hace un hombre más fácilmente por el azar que su retrato? ¿Durante cuánto tiempo pueden veinte mil ciegos, diseminados por las más remotas partes de Inglaterra, ir de un sitio a otro hasta que se encuentren en las llanuras de Salisbury y formen según el rango y filas en el orden exacto de un ejército? Pues esto es mucho más fácil de imaginar que cómo las ciegas innumerables partes de la materia pueden encontrarse a sí mismas en un mundo[12]. Un hombre que ve la capilla de Enrique VII en Westminster podría, con tan buen motivo, mantener (sí, y mucho más si se considera la gran diferencia que existe entre esa pequeña estructura y el gran tejido del mundo) que nunca fue ideada o construida por hombre alguno, sino que las piedras crecieron por azar en esas curiosas formas en que vemos que han sido cortadas y moldeadas y que en un tiempo (como empiezan normalmente los cuentos)[13] los materiales del edificio —la piedra, la mezcla, la viga, el hierro, el plomo y el cristal— felizmente se pusieron juntos y, ordenándose ellos mismos con mucha fortuna en ese delicado orden en que los vemos ahora, se compactaron tanto que sería una gran casualidad que se separaran de nuevo. ¿Qué pensaría el mundo de un hombre que sostuviera una opinión como ésta y escribiera un libro con ella? Si lo hiciera, correctamente deberían tomarlo por loco. Pero aunque pudiera sostener esta opinión con un poco más de razón que la que cualquier hombre pueda tener para decir que el mundo se hizo por casualidad o que los primeros hombres nacieron de la tierra como hacen las plantas, ¿puede

---

[12] En la edición de Hamilton que he manejado aparece la palabra «word», creo que es una errata y por ello traduzco por la que creo aquí más conveniente, «world».

[13] Las palabras originales son «upon a time». Los anglosajones, como es sabido, empiezan los cuentos con las palabras «once upon a time».

haber algo más ridículo y contra toda razón que adscribir la producción de los hombres a la primera fructificación de la tierra sin tener ni un ejemplo ni experiencia en ningún momento de la historia para probar suposición tan monstruosa? El asunto es a primera vista tan claro y obvio que no puede hacerse sobre él ningún discurso más claro. Y aún estos vergonzosos mendigos de los principios, que dan esta precaria explicación del origen de las cosas, se consideran a sí mismos hombres de razón, los grandes ingenios del mundo, las únicas personas cautelosas y precavidas que odian que se abuse de ellas, que deben tener evidencia convincente para todo y que no pueden admitir nada sin una clara demostración de ello».

En este texto, este excelente autor sigue lo que yo concibo ser el método propio de refutar un absurdo exponiéndolo a diferentes luces, bajo las cuales todo hombre de común entendimiento concibe que es ridículo. Y aunque hay muy buen sentido, tanto como ingenio, no encuentro en todo el texto que he citado ningún *medium* de prueba.

He encontrado a uno o dos autores respetables que diseñaron un argumento de la doctrina de la casualidad para mostrar lo imposible que es que un orden regular de las partes sea efecto de la casualidad o que no sea efecto del designio.

No objeto a este razonamiento, pero observo que la doctrina de la casualidad es una rama de las matemáticas con poco más de cien años. Aunque la conclusión obtenida de ella ha sido sostenida por todos los hombres desde el comienzo del mundo. Por tanto, no puedo pensar que los hombres han sido guiados a esta conclusión por tal razonamiento. En verdad, se puede dudar de si el primer principio sobre el que se fundan todos los razonamientos matemáticos sobre la casualidad es más auto-evidente que la conclusión que se obtiene de él o si no es un ejemplo particular de esa conclusión general.

Vamos ahora a considerar si no podemos aprender esta verdad por experiencia: que los efectos que tengan todas las señales y vestigios de designio deben proceder de una causa que los diseñe.

Veo que no podemos aprender esta verdad por experiencia por dos razones.

Primero, porque es una verdad necesaria y no una contingente. Es conforme con la experiencia de la especie humana desde el comienzo del mundo que el área de un triángulo es igual a la mitad del rectángulo bajo su base y perpendicular[14]. Es no menos conforme con la experiencia que el sol se levanta por el este y se oculta por el oeste. En todo lo que se refiere a la experiencia estas verdades están en pie de igualdad. Pero todo hombre percibe esta distinción entre ellas: que la primera es una verdad necesaria y que es imposible que no sea verdad, pero la segunda no es necesaria sino contingente y depende de la voluntad de Aquel que hizo el mundo. Así como no podemos aprender de la experiencia que dos veces tres debe necesariamente hacer seis, así tampoco podemos aprender de la experiencia que ciertos efectos deben proceder de una causa inteligente y que las diseña. La experiencia nos informa sólo de lo que ha sido, pero nunca de lo que debe ser.

En segundo lugar, se puede observar que la experiencia puede mostrar una conexión entre un signo y la cosa significada por él sólo en esos casos donde tanto el signo como la cosa significada se perciben y han sido siempre percibidas en conjunción. Pero si se diera el caso en que sólo el signo se percibiera, la experiencia nunca podría mostrarnos su conexión con la cosa significada. Por ejemplo, el pensamiento es un signo de un principio pensante o mente. Pero, ¿cómo sabemos que el pensamiento no puede ser sin una mente? Si cualquier hombre dijera que lo sabe por experiencia, se engaña a sí mismo. Es imposible

---

[14] La expresión completa de esta definición es: el área de un triángulo es igual a la mitad del área del rectángulo cuya base es la base del triángulo y cuya altura es la perpendicular a la base.

que pueda tener experiencia de ello porque, aunque tengamos un conocimiento inmediato de la existencia del pensamiento en nosotros mismos por la conciencia, no tenemos conocimiento inmediato de la mente. La mente no es un objeto inmediato ni del sentido ni de la conciencia. Podemos, por tanto, concluir con justicia que la conexión necesaria entre pensamiento y mente, o ser pensante, no se aprende por experiencia.

El mismo razonamiento se puede aplicar a la conexión entre una obra excelentemente ajustada a algún propósito y el designio del autor o causa de esa obra. Uno de estos —a saber, la obra— puede ser un objeto inmediato de percepción. Pero el designio y el propósito del autor no puede ser un inmediato objeto de percepción y, por tanto, la experiencia nunca nos puede informar de ninguna conexión entre el uno y la otra, mucho menos de una conexión necesaria.

Resulta entonces que el principio que hemos estado considerando —a saber, que de ciertos signos o indicaciones en el efecto podemos inferir que debe haber habido inteligencia, sabiduría u otras cualidades intelectuales o morales en la causa—, es un principio que no obtenemos ni por razonamiento ni por experiencia y, por tanto, si es un principio verdadero, debe ser un primer principio. Hay en el entendimiento humano una luz por la que vemos inmediatamente su evidencia cuando hay ocasión de aplicarlo.

Hemos ya observado de qué enorme importancia es este principio en la vida ordinaria. Casi no necesito mencionar su importancia en la teología natural.

Las claras señales y firmas de la sabiduría, el poder y la bondad en la constitución y gobierno del mundo son, de todos los argumentos que se han adelantado para el ser y providencia de la Deidad, los que en todas las épocas han causado la más fuerte impresión en las mentes francas y pensantes; un argumento que tiene la peculiar ventaja de que gana fuerza con el avance del conocimiento humano y que es más convincente ahora que hace algunos siglos.

El rey Alfonso[15] pudo decir que él podría idear un mejor sistema planetario que el que los astrónomos sostuvieron en su día. Aquel sistema no fue obra de Dios, sino ficción de los hombres.

Pero desde que se ha descubierto el verdadero sistema del sol, la luna y los planetas, ningún hombre, por muy dispuesto al ateísmo que esté, ha pretendido mostrar cómo se pudiera haber ideado mejor.

Cuando prestamos atención a las señales de buen ingenio que aparecen en las obras de Dios, todos los descubrimientos que hacemos en la constitución del sistema material o intelectual se convierten en un himno de alabanza al gran Creador y Gobernador del mundo. Y un hombre que esté poseído por el genuino espíritu de la filosofía considerará impiedad contaminar la obra divina mezclándola con esas ficciones de la imaginación humana llamadas teorías e hipótesis, que siempre llevan la firma de la estupidez humana no menos que la otra la lleva de la divina sabiduría.

No conozco a persona alguna que haya puesto en duda el principio que consideramos cuando se aplica a las acciones y discursos de los hombres. Esto sería negar que tenemos medios para discernir un sabio de un idiota, o un hombre iletrado en el más alto grado de un hombre de conocimiento y aprendizaje, lo cual ningún hombre tiene el descaro de negar.

Pero en todas las épocas, los que han sido enemigos de los principios de la religión, han hecho intentos de debilitar la fuerza del argumento de la existencia y perfecciones de Dios que se funda en este principio. Ese argumento tiene el nombre de argumento de las causas finales y, como el significado de este nombre se entiende bien, lo usaremos.

El argumento de las causas finales, cuando se reduce a un silogismo, tiene estas dos premisas: *Primera*, el designio y la inteli-

---

[15] Se refiere al rey Alfonso X el Sabio. Hamilton hace notar el famoso dicho de este rey cuando afirmaba que, si hubiera estado con Dios en el momento de la creación, le habría podido hacer unas cuantas observaciones para mejorarla.

gencia en la causa puede, con certeza, inferirse de sus señales o signos en el efecto. Este es el principio que hemos estado considerando y que podemos llamar la proposición *major* del argumento. La *segunda*, a la cual llamamos proposición *minor,* es que hay de hecho las marcas más claras de designio y sabiduría en las obras de la naturaleza. Y la *conclusión* es que las obras de la naturaleza son los efectos de una Causa sabia e inteligente. Se debe o asentir a la conclusión o negar una u otra de las premisas.

Estos de entre los antiguos que negaron un Dios o una Providencia, me parecen haber aceptado la proposición mayor y haber negado la menor concibiendo que no hay en la constitución de las cosas señales tales de sabio ingenio como serían suficientes para establecer la conclusión más allá de toda duda. Esto, creo, lo podemos aprender del razonamiento de Cotta[16] el académico, en el tercer libro de Cicerón *De la Naturaleza de los Dioses.*

El avance progresivo hecho en el conocimiento de la naturaleza ha puesto esta opinión bastante fuera de lo razonable.

Cuando la estructura del cuerpo humano era mucho menos conocida de lo que es ahora, el famoso Galeno vio tan evidentes señales de sabio ingenio en él que, aunque había sido educado como epicúreo, renunció a ese sistema y escribió su libro sobre el uso de las partes del cuerpo humano con el propósito de convencer a otros de lo que le resultaba tan claro a él: que era imposible que tan admirable ingenio fuera efecto de la casualidad.

Los de tiempos más recientes que están insatisfechos con el argumento de las causas finales han renunciado a la testarudez de los antiguos ateos, que había llegado a ser insostenible, y han elegido más bien hacer una defensa atacando la proposición mayor.

Descartes parece haber destacado en esto, aunque no era ateo. Pero, habiendo inventado algunos argumentos nuevos sobre el ser de Dios, menospreció quizás los que se habían usado antes para

---

[16] Reid se refiere aquí al orador romano del siglo I a. de C. Aurelio Cotta, muy apreciado por Cicerón por su gran talento.

atraer más crédito a los suyos propios. O quizá se molestó con los peripatéticos porque mezclaban con frecuencia las causas finales con las físicas para explicar los fenómenos de la naturaleza.

Mantuvo, por tanto, que a los fenómenos sólo se debían atribuir causas físicas, que el filósofo no tiene nada que hacer con las causas finales y que es una presunción por nuestra parte tratar de determinar en qué fin se enmarca cualquier obra de la naturaleza. Algunos de los que fueron grandes admiradores de Descartes y lo siguieron en muchos puntos difirieron de él en esto, particularmente el Dr. Henry More[17] y el pío arzobispo Fénelon[18]. Pero otros, tras el ejemplo de Descartes, han manifestado desprecio por todo razonamiento por las causas finales. Entre estos, creo, podemos contar a Maupertuis[19] y Buffon[20]. Pero el ataque más directo a este principio ha sido hecho por Mr. Hume, que pone un argumento en la boca de un epicúreo en el que parece poner gran énfasis.

El argumento es que el universo es un efecto singular y, por tanto, no podemos obtener conclusión de él, si puede haber sido hecho por sabiduría o no.

---

[17] Henry More (1614-1687). Es uno de los representantes de la escuela platónica de Cambridge. Estuvo muy influido por Descartes, con quien mantuvo correspondencia. Estuvo también muy influenciado por la cábala, el hermetismo y la teosofía.

[18] Francois de Salignac de la Mothe Fénelon (1651-1715). Conocido en filosofía especialmente por su «doctrina del amor puro». Intentó demostrar la existencia de Dios utilizando argumentos tomados en parte de Descartes.

[19] Pierre-Louis Moreau de Maupertuis (1698-1759). Uno de los grandes científicos y filósofos de la época. Dirigió, entre otras instituciones científicas, la Academia de Ciencias de Berlín. Aparte de sus descubrimientos científicos —por ejemplo se le debe la comprobación del achatamiento de la Tierra por los polos—, su contribución filosófica más importante es la que se conoce con el nombre de «principio de la menor acción».

[20] Georges Louis Leclerc, conde de Buffon (1707-1788). Uno de los más grandes científicos de su época y a quien Darwin consideraba precursor de la teoría de la evolución. Es conocido especialmente por su gran obra, publicada en tres volúmenes, *Historia natural*.

Si comprendo la fuerza de este argumento, consiste en que si nos hubiéramos acostumbrado a ver producir mundos, unos con sabiduría y otros sin ella, y hubiéramos observado que tal mundo como este que habitamos fue siempre efecto de la sabiduría, podríamos entonces, por la experiencia pasada, concluir que este mundo fue hecho con sabiduría. Pero no teniendo tal experiencia, no tenemos medios de formar ninguna conclusión sobre él.

Que esta es la fuerza del argumento resulta porque, si las señales de la sabiduría vistas en un mundo no tuvieran evidencia de sabiduría, señales iguales vistas en diez mil nos darán la misma poca evidencia, a menos que en tiempos pasados percibiéramos a la sabiduría misma unida a sus vestigios y de la conjunción percibida en tiempo pasado concluyamos que, aunque en el mundo presente veamos solamente una de las dos, la otra le debe acompañar.

De donde resulta que este razonamiento de Mr. Hume se construye sobre la suposición de que nuestro inferir el designio de sus señales más fuertes se debe enteramente a nuestra experiencia pasada de haber encontrado siempre estas dos cosas unidas. Pero espero haber hecho evidente que no es éste el caso. Y, en verdad, es evidente, según este razonamiento, que no podemos tener evidencia de mente o designio en ninguno de nuestros congéneres.

¿Cómo sé que un hombre al que conozco bien tiene entendimiento? Nunca he visto su entendimiento. Veo sólo ciertos efectos que llevan a mi juicio a concluir que son señales y vestigios de él.

Pero, dice el filósofo escéptico: no se puede concluir nada de estos vestigios a menos que la experiencia pasada nos haya informado de que tales vestigios están siempre unidos con el entendimiento. ¡Ay!, señor, es imposible que pueda tener esa experiencia. El entendimiento de otro hombre no es un objeto inmediato de la vista ni de cualquier otra facultad que Dios me haya dado y, a menos que pueda concluir su existencia de vestigios que sean visibles, no tengo evidencia de que haya conocimiento en ningún hombre.

Parece, entonces, que el hombre que mantenga que no hay fuerza en el argumento de las causas finales no debe, si quiere ser consistente, ver evidencia de la existencia de un ser inteligente a excepción de él mismo.

APÉNDICE II

ENSAYOS SOBRE LOS PODERES ACTIVOS DEL HOMBRE. ENSAYO PRIMERO: «DEL PODER ACTIVO EN GENERAL»[1]

Capítulo primero
De la noción de poder activo

Considerar seriamente qué se entiende por poder activo puede parecer completamente innecesario y una cuestión sin importancia. No es un término especializado[2], sino una palabra común en nuestra lengua, usada cotidianamente en el habla incluso por el vulgo. Encontramos palabras del mismo significado en todas las otras lenguas y no hay motivo para pensar que no sea perfectamente entendida por todos los hombres que comprenden la lengua inglesa.

Creo que todo eso es verdad y que intentar explicar una palabra que se entiende tan bien y mostrar cuál es su significado requiere una razón.

La razón es que este término, tan bien comprendido por el vulgo, ha sido obscurecido por los filósofos que, en esta como en tantas otras ocasiones, han encontrado gran dificultad respecto a una cosa que al resto de la especie humana le resulta perfectamente clara.

---

[1] Traducimos el texto de la edición clásica de Sir William Hamilton, Thomas Reid *Philosophical Works*.

[2] Reid utiliza aquí la expresión «It is not a term of art» que traducimos con cierta libertad.

Esto ha sido muy fácilmente ocasionado, porque el poder es algo tan de su propia especie y tan simple en su naturaleza que no admite una definición lógica.

Es bien conocido que hay muchas cosas que se entienden perfectamente y de las cuales tenemos concepciones claras y distintas que no pueden definirse lógicamente. Ningún hombre ha intentado nunca definir la magnitud, aunque no haya palabra alguna cuyo significado sea más distinto o más ampliamente entendido. No podemos dar definiciones lógicas del pensamiento, de la duración, del número o del movimiento.

Cuando los hombres intentan definir tales cosas no aportan luz alguna. Pueden dar una palabra o expresión sinónima, pero probablemente sea peor que la anterior. Si definieran, la definición se fundará sobre una hipótesis o bien obscurecerá el objeto más que arrojar luz sobre él.

La definición aristotélica de movimiento, que es «*actus entis in potentia, quatenus in potentia*»[3], ha sido justamente censurada por los filósofos modernos, aunque creo que encaja con lo que un célebre filósofo moderno nos ha dado como la más exacta definición de creencia, a saber, «que es una vívida idea relacionada o asociada a una impresión presente *(Tratado de la Naturaleza Humana,* vol. I, p. 172). «La memoria —según el mismo filósofo— es la facultad por la que repetimos nuestras impresiones de tal manera que retienen un considerable grado de su primera vivacidad y son de alguna manera intermedias entre una idea y una impresión».

Euclides, si sus editores le hicieron justicia, intentó definir una línea recta, definir la unidad, la razón y el número. Pero esas definiciones son inútiles. Podemos incluso sospechar que no son de Euclides, porque no se citan ni una sola vez en los *Elementos* y no sirven para nada.

---

[3] La traducción es «acto del ente en potencia en tanto que está en potencia».

Por tanto no intentaré definir poder activo para no ser objeto de la misma censura; pero ofreceremos algunas observaciones que nos puedan conducir a poder ocuparnos de la concepción que tenemos de él en nuestras mentes.

1. El poder no es un objeto de ninguno de los sentidos externos ni incluso un objeto de conciencia.

Que no es visto, ni oído, ni tocado, ni gustado, ni olido, no necesita probarse. Que no somos conscientes de él, en el sentido propio de la palabra, no resultará menos evidente si pensamos que la conciencia es aquel poder de la mente por el cual tiene un conocimiento inmediato de sus propias operaciones. El poder no es una operación de la mente y, por tanto, no es objeto de conciencia. En verdad, cada operación de la mente es el ejercicio de algún poder de la mente, pero somos conscientes sólo de la operación —el poder está tras la escena—; y, aunque podamos inferir justamente el poder de la operación, debe recordarse que inferir no es terreno de la conciencia sino de la razón.

Reconozco, por tanto, que tener cualquier concepción o idea de poder discrepa de la teoría de Mr. Locke de que todas nuestras ideas simples vienen o de los sentidos externos o de la conciencia. Ambos no pueden ser verdad. Mr. Hume percibió esa discrepancia y consistentemente mantuvo que no tenemos idea alguna de poder. Mr. Locke no lo percibió. Si lo hubiera hecho, eso le hubiera hecho dudar de su teoría, porque cuando la teoría discrepa de los hechos, es fácil ver lo que uno debe cambiar. Soy consciente de que tengo una *concepción* o *idea* de poder, pero, estrictamente hablando, no soy consciente de que tengo *poder*.

Tendré ocasión de mostrar que tenemos muy primitivamente, por nuestra constitución, una convicción o creencia de algún grado de poder activo en nosotros mismos. Esta creencia, sin embargo, no es consciencia —por lo que podemos engañarnos en ello—; pero el testimonio de la conciencia nunca puede engañarnos. Entonces, un hombre que sufre una parálisis durante la noche generalmente no sabe si ha perdido el poder de hablar hasta que intenta hablar; no sabe si puede mover las manos y los brazos hasta que lo intenta, y si, sin hacer el intento, consulta con toda su atención a su conciencia, no obtendrá ninguna información sobre si ha perdido esos poderes o todavía los retiene.

De esto debemos concluir que los poderes que tenemos no son un objeto de la conciencia, aunque sería tonto censurar esta forma de hablar en un discurso popular que no requiere una exacta atención a los diferentes ámbitos de nuestras distintas facultades. El testimonio de la conciencia no yerra nunca ni dudaron de él los grandes escépticos antiguos y modernos.

2. Una *segunda* observación es que hay algunas cosas de las que tenemos una concepción *directa* y otras de las que tenemos sólo una *relativa*. El poder pertenece a la última clase.

Como esta distinción es pasada por alto por la mayoría de los escritores lógicos, pediré que se me deje ilustrarla un poco y luego la aplicaré al presente asunto.

De algunas cosas sabemos lo que son en ellas mismas: nuestra concepción de tales cosas la llamo *directa*. De otras cosas no sabemos lo que son en ellas mismas, sino solamente que tienen ciertas propiedades o atributos o ciertas relaciones con otras cosas: de ésas, nuestra concepción es solamente *relativa*.

Para ilustrar esto con algunos ejemplos: En la biblioteca de la universidad pediré el libro de la estantería L, tabla 10, número 10: el bibliotecario debe tener tal concepción del libro que quiero como para ser capaz de distinguirlo de los diez mil que tiene bajo su custodia. Pero, ¿qué concepción se forma de mis palabras? Ellas no le informan ni del autor, ni de la materia, ni del idioma, ni del tamaño, ni de la encuadernación, sino solamente de su signatura y lugar. Su concepción de él es meramente relativa a esas circunstancias, aunque esta noción relativa le capacita para distinguirlo de cualquier otro libro de la biblioteca.

Hay otras nociones relativas que no se toman de relaciones accidentales como en el ejemplo que se acaba de mencionar, sino de cualidades o atributos esenciales a la cosa.

De esta clase son tanto nuestras nociones de cuerpo como de mente. ¿Qué es el cuerpo? Es, dicen los filósofos, aquello que se extiende, sólido y divisible. Dice el que cuestiona: no pregunto cuáles son las propiedades del cuerpo sino qué es la cosa misma; ¿podré primero saber qué es el cuerpo y luego considerar sus propiedades? A su petición me temo que el que cuestiona no encontrará una respuesta satisfactoria, porque nuestra noción de cuerpo no es directa sino relativa a sus cualidades. Sabemos que es algo que se extiende, sólido y divisible y no sabemos más.

De nuevo, si se preguntara: ¿qué es la mente? Es aquello que piensa. No pregunto ahora lo que hace o cuáles son sus operaciones sino lo que es. A esto no le puedo encontrar respuesta, no siendo nuestra noción de mente directa sino relativa a sus operaciones, como nuestra noción de cuerpo es relativa a sus cualidades.

Hay incluso muchas de las cualidades del cuerpo de las cuales tenemos solamente una concepción relativa. ¿Qué es el calor corporal? Es una cualidad que afecta al sentido del tacto de cierta forma. Si quieres saber no cómo afecta al sentido del tacto sino lo que es en sí mismo, esto, lo confieso, no lo sé. Mi concepción de él no es directa sino relativa al efecto que tiene sobre los cuerpos. Las nociones que tenemos de todas esas cualidades que Mr. Locke llama secundarias y de las que él llama poderes de los cuerpos —tal como el poder del imán de atraer el hierro o el del fuego para quemar la madera— son relativas.

Habiendo dado ejemplos de cosas de las que nuestra concepción es solamente relativa, puede resultar apropiado mencionar algunas de las que es directa. De esta clase son todas las cualidades primarias del cuerpo: figura, extensión, solidez, dureza, flexibilidad y las semejantes. O aquellas de las que tenemos un conocimiento directo e inmediato por nuestros sentidos. A esta clase pertenecen también todas las operaciones de la mente de las que somos conscientes. Sé lo que es el pensamiento, qué la memoria, qué un propósito, qué una promesa.

Hay algunas cosas de las que podemos tener tanto una concepción directa como una relativa. Puedo concebir directamente diez mil hombres o diez mil libras, porque ambos son objetos de los sentidos y pueden ser vistos. Pero si veo tal objeto directamente como lo concibo, mi noción de él es indistinta, es solamente la de una gran multitud de hombres o la de una gran cantidad de dinero, y una pequeña adición o disminución no añade un cambio perceptible en la noción que formo de esta manera. Pero puedo formar una noción relativa del mismo número de hombres o libras atendiendo a las relaciones que este número tiene con otros números mayores o menores. Entonces percibo que la noción relativa es distinta y científica: la adición de un solo hombre o una sola libra, incluso de un penique, se percibe con facilidad.

De manera semejante puedo formar una noción directa de un polígono de mil lados iguales y de ángulos iguales. Esta noción directa no puede ser más distinta cuando la concebimos en la mente que cuando la obtengo por visión cuando el objeto está delante de mí, y la encuentro tan indistinta que tiene la misma apariencia a mi ojo o a mi concepción directa como un polígono de mil y un lados o de novecientos noventa y nueve. Pero cuando formo una noción relativa de él, atendiendo a la relación que lleva a los polígonos a tener mayor o menor número de lados, mi noción de él llega a ser distinta y científica y puedo demostrar las propiedades por las que se distingue de todos los otros polígonos. De estos ejemplos resulta que nuestras nociones relativas de las cosas no son siempre menos distintas ni se ajustan menos a los materiales para un razonamiento exacto que las que son directas y que lo contrario puede ocurrir en un grado notable.

Nuestra concepción del poder es relativa a sus ejercicios o efectos. El poder es una cosa, su ejercicio es otra. Es verdad que no puede haber ejercicio sin poder, pero puede haber un poder que no sea ejercido. Por ello un hombre puede tener poder de hablar cuando está callado; puede tener poder de levantarse y caminar cuando está sentado.

Pero aunque sea una cosa hablar y otra tener el poder de hablar, percibo que concebimos el poder como algo que tiene una cierta relación al efecto. Y formamos nuestra noción de cada poder por el efecto que es capaz de producir.

3. Es evidente que el poder es una *cualidad* y no puede existir sin un sujeto al que pertenece.

Que el poder puede existir sin un ser o sujeto al cual aquel poder le pueda ser atribuido es un absurdo que repugna a cualquier hombre de entendimiento normal.

Es una cualidad que puede variar no solamente en grado sino también en clase y podemos distinguir tanto las clases y grados por los efectos que son capaces de producir.

El poder de volar y el poder de razonar son diferentes clases de poder, sus efectos son diferentes en clase. Pero el poder de transportar el peso de cien y el poder de transportar doscientos son diferentes grados de la misma clase.

4. No podemos concluir la ausencia de poder de su falta de ejercicio, ni del ejercicio de un menor grado de poder podemos concluir que no haya un mayor grado en el sujeto. Aunque un hombre en una ocasión particular no diga nada, no podemos concluir de esa circunstancia que no tenga el poder de hablar; ni de un hombre que transporta diez libras de peso podemos concluir que no tenga poder para transportar veinte.

5. Hay algunas cualidades que tienen un *contrario*, otras que no lo tienen. El poder es una cualidad de la última clase.

El vicio es contrario a la virtud, la tristeza a la felicidad, el odio al amor, la negación a la afirmación; pero no hay contrario al poder. La debilidad o la impotencia son defectos o privaciones del poder pero no contrarios suyos.

Si lo que se ha dicho del poder es fácilmente comprendido y se asiente a ello con prontitud por todos los que comprenden nuestra lengua, como creo que lo es, podemos de esto justamente concluir que tenemos una noción distinta de poder y podemos razonar sobre él con entendimiento aunque de él no podamos dar ninguna definición lógica.

Si el poder fuera una cosa de la cual no tenemos ni idea, como algunos filósofos se han tomado tantas molestias en probar —es decir, si el poder fuera una palabra sin significado—, no podríamos ni afirmar ni negar nada con entendimiento concerniente a él. Tendríamos igual razón en decir que es una substancia como que es una cualidad, que no admite grados o que sí lo hace. Si el entendimiento asiente inmediatamente a uno de estos asertos y se revuelve contra el contrario, podemos concluir con certeza que ponemos algún significado en la palabra *poder*, es decir, que tenemos alguna idea de él. Y es principalmente para alcanzar esta conclusión por lo que he enumerado tantas obviedades sobre él.

El término *poder activo* se usa, pienso, para distinguirlo de los *poderes especulativos*. Como todas las lenguas distinguen acción de especulación, la misma distinción se aplica a los poderes por los cuales se producen. Los poderes de ver, oír, recordar, distinguir, juzgar, razonar, son poderes especulativos. El poder de realizar cualquier obra de arte o trabajo es un poder activo.

Hay muchas cosas relativas al poder, de tal manera que no tendríamos noción de ellas si no tuviéramos ninguna de poder.

Al ejercicio del poder activo lo llamamos *acción* y, en tanto que cada acción produce algún cambio, así cada cambio debe ser causado por algún ejercicio o por el cese de algún ejercicio del poder. Aquello que produce un cambio por el ejercicio de su poder lo llamamos *causa* de tal cambio, y al cambio producido, *efecto* de tal causa.

Cuando un ser, por su poder activo, produce un cambio sobre otro, del último se dice que es *pasivo* o que es sobre el que se actúa. Entonces vemos que la acción y la pasión, la causa y el efecto, el ejercicio y la operación, tienen tal relación con el poder activo que, si se entienden, se entienden como su consecuencia. Pero si el poder fuera una palabra sin significado, todas esas palabras que le son relativas a él serían palabras sin significado. Son, sin embargo, palabras comunes en nuestra lengua y palabras equivalentes han sido siempre comunes en todas las lenguas.

Sería en verdad muy extraño si la especie humana hubiera usado estas palabras tan familiarmente sin darse cuenta de que no tienen significado; y que este descubrimiento haya sido hecho primero por un filósofo del presente tiempo.

Por idéntico motivo se podría mantener que, aunque hay palabras en todas las lenguas para expresar la vista y palabras para significar los diferentes colores que son objeto de la vista, sin embargo toda la especie humana desde el principio de los tiempos ha sido ciega y nunca ha tenido una idea de la vista o del color. Pero no hay absurdos tan grandes como los que los filósofos han mantenido sobre las ideas.

Capítulo segundo
Sobre la misma materia

No hay, creo, nociones abstractas que se encuentren más primitivamente, o más universalmente, en las mentes de los hombres que estas de *acción* y de *pasión*. Todo niño que comprenda la distinción entre golpear y ser golpeado debe tener la concepción de acción y pasión.

Hallamos según esto que no hay lengua tan imperfecta que no tenga verbos y participios activos y pasivos, unos significando algún tipo de acción, otros de pasión. Esta distinción entra en la naturaleza original de todas las lenguas.

Los verbos activos tienen una forma y construcción propias a ellos mismos; los verbos pasivos tienen una forma diferente y una construcción diferente. En todas las lenguas, el nominativo de un verbo activo es el agente; aquello sobre lo que se actúa se pone en un caso indirecto. En los verbos pasivos, aquello sobre lo que se actúa es el nominativo, y el agente, si se expresa, debe estar

79

en un caso indirecto, como en el ejemplo *Rafael pintó los dibu-jos; los dibujos fueron pintados por Rafael.*

Toda distinción que encontramos en la estructura de todas las lenguas debe haber sido familiar a estos que hicieron las lenguas al principio y a todos aquellos que las hablan con entendimiento.

A este argumento, tomado de la estructura del lenguaje, en el uso de los verbos activos y pasivos, se le podría objetar que los verbos activos no se usan siempre para denotar una acción ni está el nominativo antes de un verbo activo, siendo concebido en todos los casos como agente, en el sentido estricto del término; que hay muchos verbos pasivos que tienen una significación activa y verbos activos que tienen una pasiva. De estos hechos puede pensarse una justa conclusión: que al inventar las diferentes formas de verbos activos y pasivos y sus diferentes construcciones, los hombres no se han gobernado por consideración a ninguna distinción entre acción y pasión, sino por casualidad o por alguna causa accidental.

En respuesta a esta objeción, el hecho sobre el que se funda debe admitirse, pero pienso que la conclusión que se obtiene de él no es justa por las siguientes razones:

1. Parece contrario a la razón atribuir al azar o al accidente lo que está sujeto a reglas, aunque pueda haber excepciones a la regla. Las excepciones pueden, en tal caso, atribuirse al accidente, pero la regla no puede serlo. No hay quizás apenas nada tan general en el lenguaje que no admita excepciones. No se puede negar que sea una regla general que los verbos y los participios tienen una voz activa y otra pasiva; y, como esto es una regla general, no sólo en una lengua, sino en todas las lenguas con las que estamos familiarizados, se muestra con evidencia que los hombres, en las eras más tempranas y en todos los periodos de la sociedad, han distinguido la acción de la pasión.

2. Hay que observar que las formas del lenguaje se aplican con frecuencia a propósitos diferentes de aquellos por los que se

propusieron originalmente. Las diferencias de una lengua, incluso la más perfecta, nunca pueden compararse a todas las diferencias de las concepciones humanas. Las formas y modificaciones de la lengua deben confinarse dentro de ciertos límites que no pueden exceder la capacidad de la memoria humana. Por tanto, en todas las lenguas debe haber una clase de frugalidad en el uso para hacer que una forma de expresión sirva a muchos diferentes propósitos, como la daga de Sir Hudibras, que, aunque apuñalara o cortara cabezas, servía para muchas otras cosas. Se podrían dar muchos ejemplos de esta frugalidad en el lenguaje. Los latinos y los griegos tenían cinco o seis casos de nombres para expresar las diferentes relaciones que una cosa puede tener con otra. El caso genitivo debe haberse hecho al principio para expresar alguna relación capital tal y como la de la posesión o la propiedad, pero sería muy difícil enumerar todas las relaciones que, en el progreso de la lengua, expresó con su uso. La misma observación puede aplicarse a los otros casos de los nombres.

La más pequeña similitud o analogía se cree suficiente para justificar la extensión de una forma de habla más allá de su significado propio cuando el lenguaje carece de una forma más propia. En los modos verbales, algunos de estos que ocurren con más frecuencia se distinguen por diferentes formas que se crean para suministrar todas las formas de las que se carece. La misma observación puede aplicarse a las que se llaman *voces* de los verbos. Una activa y una pasiva son las principales, algunas lenguas tienen más, pero ninguna lengua tiene tantas como para dar respuesta a todas las variaciones del pensamiento humano. No podemos siempre acuñar nuevas formas y por tanto debemos usar una u otra de las que se encuentran en la lengua aunque al principio se hayan hecho para otro propósito.

3. Una tercera observación en respuesta a la objeción es que podemos señalar una causa de la frecuente incorrección al aplicar los verbos activos a las cosas que no tienen actividad propia; una causa que explica la mayor parte de tales incorrecciones y

que confirma la explicación que he dado de la intención propia de los verbos activos y pasivos.

Como no hay principio que resulte ser más universalmente reconocido por la especie humana desde el primer alba de la razón que cada cambio que observamos en la naturaleza debe tener una causa, de aquí, no antes, resulta que surge en la mente humana un fuerte deseo de conocer las causas de esos cambios que caen bajo nuestra observación. *Felix qui potuit rerum cognoscere causas*[4], es la voz de la naturaleza en todos los hombres. No hay nada que más pronto distinga lo racional de la creación irracional que esta avidez para conocer las causas de las cosas, de la que no veo ninguna señal en los animales brutos.

Debe con seguridad admitirse que en esos periodos en los que se formaron las lenguas, los hombres estaban poco capacitados para realizar esta investigación con éxito. Vemos que es necesaria la experiencia de miles de años para traer a los hombres al correcto sendero de esta investigación, si realmente puede aún decirse que están en él. En qué innumerables errores los rudos tiempos deben de haber caído en lo que se refiere a las causas, por su impaciencia de juicio e incapacidad para juzgar bien es cosa que nosotros podemos conjeturar racionalmente y que podemos deducir de la experiencia. De ello infiero que es evidente que, suponiendo que los verbos activos hayan sido originalmente construidos para expresar lo que es llamado propiamente acción y sus nominativos para expresar el agente, incluso así en la ruda y bárbara situación en la que se formaron las lenguas debió de haber innumerables incorrecciones al aplicar tales verbos y nominativos y se debió de hablar de muchas cosas como activas cuando no tenían actividad real.

A esto podemos añadir que es un prejuicio general de nuestros primeros años y de las naciones rudas que, cuando percibimos que algo cambia y no percibimos cualquier otra cosa que

---

[4] «Feliz el que pudo conocer las causas de las cosas».

podamos creer que sea la causa de tal cambio, se lo imputamos a la cosa misma y la concebimos activa y animada en tanto que tiene el poder de producir el cambio por sí mismo. Por ello, a un niño o a un salvaje toda la naturaleza le parece animada: el mar, la tierra, el aire, el sol, la luna y las estrellas, los ríos, las fuentes y arboledas se concibe que son seres activos y animados. Como este es un sentimiento natural al hombre en su estado salvaje, tiene, por tal motivo, incluso en las naciones cultas, la verosimilitud que se requiere en la ficción poética y en la fábula y personifica una de las más conformes figuras en la poesía y la elocuencia.

El origen de este prejuicio probablemente sea que juzgamos de otras cosas por nosotros mismos y, por tanto, estamos dispuestos a adscribirles la vida y la actividad que sabemos que está en nosotros mismos.

Una niña pequeña adscribe a su muñeca las pasiones y sentimientos que siente en ella misma. Incluso los brutos parecen hacer algo de esta naturaleza. Un gatito, cuando ve un movimiento vigoroso en una pluma o en una paja, está pronto por instinto natural a cazarla como si cazara un ratón.

Sea cual sea el origen de este prejuicio en la especie humana, tiene una poderosa influencia sobre el lenguaje y lleva a los hombres, en la estructura del lenguaje, a adscribir acción a muchas cosas que son completamente pasivas, porque, cuando se inventaron tales formas de habla, realmente se creía que estas cosas eran realmente activas. Decimos: el viento sopla, el mar se enfurece, el sol se levanta y se pone, los cuerpos tienden y se mueven.

Cuando la experiencia descubre que estas cosas son generalmente inactivas es fácil corregir nuestra opinión sobre ellas, pero no es fácil alterar las formas establecidas del lenguaje. Las lenguas más perfectas y pulcras son como un mueble viejo que nunca encaja perfectamente con los gustos presentes, pero guarda algo de la moda del tiempo en el que se hizo.

Aunque todos los hombres de conocimiento crean que la sucesión del día y de la noche se debe a la rotación de la tierra alrededor de su eje y que no hay ningún movimiento diurno de los cielos, nos encontramos bajo la necesidad de hablar en el viejo estilo de que el sol se levanta y se pone y va al meridiano. Y este estilo se usa no sólo al conversar con el vulgo sino cuando los hombres de conocimiento conversan los unos con los otros. Y si supusiéramos que el vulgo está por fin tan ilustrado como para tener la misma creencia que los entendidos, todavía se seguiría usando el mismo estilo.

De este ejemplo podemos aprender que el lenguaje de la especie humana puede facilitar buena evidencia de las opiniones que se han sostenido primitiva y universalmente y que las formas ideadas para expresar tales opiniones pueden permanecer en uso después de que las opiniones que las construyeron hayan cambiado mucho.

Los verbos activos parecen simplemente haber sido primero ideados para expresar acción. Generalmente se siguen aplicando a este propósito. Y, aunque podamos encontrar ejemplos de la aplicación de verbos activos a cosas que ahora creemos que no son activas, esto debiera achacarse a que los hombres una vez tuvieron la creencia de que esas cosas eran activas y en algunos casos, quizás, a esto: que las formas de expresión se extienden comúnmente en el curso del tiempo más allá de su pretensión original, ya sea por analogía o porque en el lenguaje no se encuentran formas más propias para tal propósito.

Incluso la incorrecta aplicación de esta noción de acción y poder activo muestra que existe una noción tal en la mente humana y muestra la necesidad que hay en la filosofía de distinguir la aplicación propia de estas palabras de la aplicación vaga e impropia de ellas que se hallan en el lenguaje común o en el prejuicio popular.

Otro argumento para mostrar que todos los hombres tienen una noción o idea de poder activo es que hay muchas operaciones de la mente comunes a todos los hombres que tienen razón y es necesaria en la conducta ordinaria de la vida, la cual implica una creencia de poder activo en nosotros mismos y en otros.

Todas nuestras voliciones y esfuerzos para actuar, todas nuestras deliberaciones, nuestros propósitos y promesas, implican una creencia de poder activo en nosotros mismos. Nuestros consejos, exhortaciones o mandatos implican una creencia en el poder activo de aquellos a quienes se dirigen.

Si un hombre hiciera el intento de volar hasta la luna —incluso si deliberara sobre ello o resolviera hacerlo—, concluiríamos que está loco; e incluso su locura no daría razón de su conducta a menos que le hiciera creer que eso está en su poder.

Si un hombre promete pagarme mañana una suma de dinero sin creer que estará entonces en su poder, no es un hombre honesto. Y si yo no creyera que estará entonces en su poder, no debería confiar en su promesa.

Todo nuestro poder, sin duda, deriva del Autor de nuestro ser y, así como lo dio libremente, puede quitarlo cuando quiera. Ningún hombre, ni por un momento, puede tener certeza sobre la permanencia de cualquiera de los poderes de su cuerpo o su mente y, por tanto, en cada promesa hay una condición implícita, es decir, si vivimos, si retenemos la salud del cuerpo y la calidad de la mente que es necesaria para cumplirla y si nada pasa, en la providencia de Dios, que la quite de nuestro poder. A los más rudos salvajes les enseña la naturaleza a admitir estas condiciones en todas las promesas, tanto si son expresas como si no. Y a ningún hombre se le culpa de romper una promesa cuando en él no se dan esas condiciones.

Es evidente, por tanto, que, sin la creencia de algún poder activo, ningún hombre honesto haría una promesa ni ningún hombre sabio confiaría en una promesa. Y no es menos evidente que la creencia del poder activo en nosotros mismos o en otros implica una idea o noción de poder activo.

El mismo razonamiento puede aplicarse a cada ejemplo en el que damos consejos a otros o en el que convencemos o mandamos. En tanto, en consecuencia, como la especie humana son seres que pueden deliberar y resolver y querer, en tanto pueden dar consejo y exhortar y mandar, deben creer en la existencia del poder activo en ellos mismos y en otros y, por tanto, deben tener una noción o idea de poder activo.

Puede además observarse que el poder es el objeto propio e inmediato de la ambición, una de las más universales pasiones de la mente humana y aquella que hace la mayor presencia en la historia de todos los tiempos. Si Mr. Hume, en defensa de su sistema, mantiene que no hay pasión en la especie humana tal como la ambición o que la ambición no es un vehemente deseo de poder o que los hombres pueden tener un vehemente deseo de poder sin tener ninguna idea de poder, es algo que no intentaré adivinar.

No puedo evitar repetir mis excusas por insistir tanto en la refutación de tan gran absurdo. Es una doctrina capital en un reciente y célebre sistema de la naturaleza humana que no tenemos idea alguna de poder ni incluso en la Deidad, que no somos capaces de descubrir ni un solo ejemplo de él tanto en la mente como en el espíritu, tanto en las naturalezas superiores como en las inferiores y que nos engañamos a nosotros mismos cuando imaginamos que poseemos cualquier idea de este tipo.

Para apoyar esta importante doctrina y los argumentos que se levantan en su defensa, se emplea una gran parte del primer volumen del *Tratado de la Naturaleza Humana*. Ese sistema está lleno de las más absurdas conclusiones que fueron jamás dichas por ningún filósofo, deducidas con una gran exactitud e ingenio de los principios comúnmente recibidos por los filósofos. Rechazar tales conclusiones como indignas de ser escuchadas sería irrespetuoso con el ingenio de ese autor, y refutarlas es difícil y resulta ridículo.

Es difícil porque casi no podemos encontrar principios de mayor evidencia para razonar que los que deseamos probar. Y resulta ridículo porque, como este autor justamente observa, cercano al ridículo de negar una verdad evidente es tomarse muchos esfuerzos para probarla.

Los protestantes se quejan con razón del apuro en que los ponen los católicos romanos al pedirles que prueben que el pan y el vino no son carne y sangre. Sin embargo, por la misma verdad, se han rendido ante semejante petición. Pienso que no es menos difícil probar que los hombres tienen una idea de poder.

Lo que me convence de que tengo una idea de poder es que soy consciente de que sé lo que quiero decir con tal palabra y, mientras tengo esta conciencia, desdeño igualmente escuchar argumentos en pro o en contra de que tengo tal idea. Pero si nosotros convenciéramos a los que siendo llevados por el prejuicio o por la autoridad niegan que tienen tal idea, deberíamos condescender a usar todos los argumentos que el sujeto pueda y tales como los que usaríamos con un hombre que negara que la especie humana tiene una idea de la magnitud o de la igualdad.

Los argumentos que he aducido están tomados de estos cinco tópicos: 1. Que hay muchas cosas que podemos afirmar o negar con entendimiento referentes al poder; 2. Que en todas las lenguas hay palabras que significan no sólo poder sino muchas otras cosas que implican poder, tales como acción y pasión, causa y efecto, energía, operación y otras; 3. Que en la estructura de todas las lenguas hay una forma activa y otra pasiva en los verbos y participios y una diferente construcción adaptada a estas formas, de cuya diferencia no se puede dar otra explicación más que se han construido para distinguir la acción de la pasión; 4. Que hay muchas operaciones de la mente humana familiares a todos los hombres que tienen uso de razón y que son necesarias en la conducta ordinaria de la vida, que implican una convicción de algún grado de poder en nosotros mismos y en otros; 5. Que el deseo de poder es una de las pasiones más fuertes de la naturaleza humana.

Capítulo tercero
De la explicación de Mr. Locke de nuestra idea de poder

Este autor, habiendo refutado la doctrina cartesiana de las ideas innatas, aceptó, quizá demasiado apresuradamente, la opinión de que todas nuestras ideas simples vienen o por sensación o por reflexión, es decir, de nuestros sentidos externos o de la conciencia de las operaciones de nuestras propias mentes.

A través de todo su *Ensayo* muestra un afecto paternal a esta opinión y con frecuencia fuerza mucho para reducir nuestras ideas simples a uno de estos orígenes o a ambos. Se podrían poner varios ejemplos de esto en su explicación de nuestra idea de *substancia*, de *duración*, de *identidad personal*. Obviándolas como extrañas a la presente materia tomaré en cuenta solamente la explicación que da de nuestra idea de *poder*.

La suma de esto, que observando por nuestros sentidos varios cambios en los objetos deducimos la posibilidad en un objeto de que sea cambiado y en otro la posibilidad de hacer tal cambio, hace que consigamos la idea que llamamos poder.

Por ello decimos que el fuego tiene poder de fundir el oro y el oro tiene poder de ser fundido; al primero le llama poder activo, al segundo, pasivo.

Él piensa, sin embargo, que tenemos una noción muy distinta de poder activo, por atender al poder que ejercemos nosotros mismos, al dar movimiento a nuestros cuerpos cuando están en reposo, o al dirigir nuestros pensamientos a uno u otro objeto cuando queremos. Y este camino de formar la idea de poder lo atribuye a la reflexión cuando él remite la anterior a la sensación.

Sobre esta explicación del origen de nuestra idea de poder pediré que se me deje hacer dos observaciones con el respeto que es tan justamente debido a tan gran filósofo y a tan gran hombre.

1. Mientras él distingue el poder en *activo* y *pasivo*, yo concibo que el poder pasivo no es poder en absoluto. Quiere decir por

él la posibilidad de ser cambiado. Llamar a esto *poder* me parece una incorrecta aplicación de la palabra. No recuerdo haber encontrado la expresión *poder pasivo* en ningún otro buen autor. Creo que Mr. Locke fue desafortunado al crearla y no merece que permanezca en nuestra lengua.

Quizás fue imprudentemente llevado a ella por oposición al poder activo. Pero concibo que llamamos a ciertos poderes *activos* para distinguirlos de otros poderes que son llamados *especulativos*. Como toda la especie humana distingue la acción de la especulación, es muy propio distinguir los poderes por los cuales se realizan esas diferentes operaciones en activo y especulativo. En verdad, Mr. Locke reconoce que el poder activo es más propiamente llamado poder, pero yo no veo propiedad en absoluto en el poder pasivo, es un poder sin poder y una contradicción en sus términos.

2. Observaría que Mr. Locke parece haberse impuesto al intentar reconciliar esta explicación de la idea de poder con su doctrina favorita de que todas nuestras ideas simples son ideas de sensación o de reflexión.

Hay dos pasos, según su explicación, que la mente realiza para formar la idea de poder: *primero* observa cambios en las cosas y, *segundo*, de esos cambios infiere una causa de ellos y un poder que los produce.

Si ambos pasos fueran operaciones de los sentidos externos o de la conciencia, entonces la idea de poder podría llamarse idea de sensación o de reflexión. Pero si cualquiera de esos pasos requiriese la cooperación de otros poderes de la mente, se seguiría que la idea de poder no se puede obtener ni por sensación ni por reflexión ni por ambas juntas. Vamos, por tanto, a considerar cada uno de estos pasos en sí mismos.

Primero. Observamos diversos cambios en las cosas. Y Mr. Locke concede que los cambios en las cosas externas son observados por nuestros sentidos y que los cambios en nuestros pensamientos son observados por la conciencia.

Concedo que se puede decir que los cambios se observan por los sentidos cuando con ello no queremos decir que excluimos a cualquier otra facultad de compartir esta operación. Y sería ridículo censurar la expresión cuando se usa tanto en el discurso popular.

Pero es necesario a los propósitos de Mr. Locke que los cambios en las cosas externas deban ser observados sólo por los sentidos, excluyendo cualquier otra facultad, porque toda facultad que sea necesaria para observar el cambio reclamaría compartir el origen de la idea de poder.

Ahora, es evidente que la memoria no es menos necesaria que los sentidos para observar cambios en las cosas externas y, por tanto, la idea de poder que se deriva de los cambios observados puede ser adscrita tanto a la memoria como a los sentidos.

Cada cambio supone dos estados de la cosa cambiada. Ambos pueden ser pasados; uno de ellos al menos debe ser pasado y solamente uno puede ser presente. Por los sentidos podemos observar el estado presente de la cosa, pero la memoria debe suministrarnos el pasado y, a menos que recordemos el estado pasado, no percibiríamos cambio alguno.

La misma observación puede aplicarse a la conciencia. La verdad es, por tanto, que ni por los sentidos solos sin memoria ni por la conciencia sola sin memoria podemos observar cambio alguno. Cada idea, por tanto, que se deriva de observar cambios en las cosas debe tener su origen en parte en la memoria y no sólo en los sentidos ni en la conciencia sola ni en ambas juntas.

El *segundo* paso que hace la mente al formar la idea de poder es éste: de los cambios observados obtenemos una causa de los cambios y un poder para producirlos.

Aquí uno podría preguntar a Mr. Locke: ¿es por los sentidos por los que obtenemos esta conclusión o es por la conciencia? ¿Es el razonar competencia de los sentidos o es competencia de la conciencia? Si los sentidos pudieran obtener una conclusión de las premisas, podrían obtener quinientas y demostrar todos los elementos de Euclides.

Por eso pienso que resulta que la explicación que el propio Mr. Locke da del origen de nuestra idea de poder no se puede conciliar con su doctrina favorita —que todas nuestras ideas simples tienen su origen en la sensación o la reflexión— y que, al intentar derivar la idea de poder sólo de estas dos fuentes, no se da cuenta de que trae a la memoria y al poder de razonar como parte necesaria de su origen.

Capítulo cuarto
De la opinión de Mr. Hume de la idea de poder

Este ingeniosísimo autor adopta el principio de Mr. Locke antes mencionado: que todas nuestras ideas simples se derivan de la sensación o de la reflexión. Parece entenderlo incluso en un sentido más restringido del que lo hizo Mr. Locke. Es así porque pretende que todas nuestras ideas simples sean copias de impresiones precedentes tanto de nuestros sentidos externos como de la conciencia. «Después del más cuidadoso examen del que soy capaz —dice— me atrevo a afirmar que la regla que aquí se sostiene no tiene excepción alguna y que cada idea simple tiene una impresión simple de la que procede y que cada impresión simple tiene una idea correspondiente. Todos pueden quedar satisfechos en este punto trayendo a su cabeza tantos ejemplos como quieran».

Aquí observo, a propósito, que esta conclusión la forma el autor apresurada y antifilosóficamente. Es una conclusión que no admite prueba salvo por inducción y él se apoya sobre este fundamento. La inducción no puede ser perfecta hasta que cada idea simple que pueda caber en la mente humana sea examinada y se muestre que es copia de una impresión precedente del sentido o de la conciencia. No hay hombre que pueda pretender haber hecho este examen de todas nuestras ideas simples sin excepción y, por tanto, ningún hombre puede, en consecuencia con las reglas del filosofar, asegurarnos que esta conclusión no tiene excepción alguna.

El autor pretende, en el título inicial, introducir en las disciplinas morales el método experimental de razonamiento. Fue un intento muy laudable, pero debería haber sabido que hay una regla en el método experimental de razonamiento: que las conclusiones establecidas por inducción nunca deben excluir las excepciones por si alguna aparece después por observación o experimento. Sir Isaac Newton, hablando de tales conclusiones, decía: *«Et si quando in experiendo postea reperiatur aliquid, quod a parte contraria faciat; tum demum, non sine istis exceptionibus affirmetur conclusio opportebit»*[5]. «Pero —dice nuestro autor— me atrevo a afirmar que la regla que aquí se sostiene no tiene excepción alguna».

De acuerdo con esto, a través de todo el tratado esta regla general se considera de suficiente autoridad en sí misma como para excluir —incluso aunque se vea— todo lo que parece ser una excepción a ella. Esto es contrario a los principios fundamentales del método experimental de razonamiento y, por tanto, puede llamarse apresurado y antifilosófico.

Habiendo establecido este principio general, el autor hace un gran uso de él entre nuestras ideas. Encuentra que no tenemos idea de *substancia*, material o espiritual, que el cuerpo y la mente son sólo ciertas formas de impresiones e ideas relacionadas, que no tenemos idea de *espacio* o *duración* y ninguna idea de *poder*, activo o intelectual.

Mr. Locke usó su principio de sensación y reflexión con mayor moderación y mesura. Sin querer llevar las ideas mencionadas al *limbo* de la inexistencia, lleva hasta su límite la sensación y la reflexión para recibir estas ideas en lo real y las lleva a ello, como si dijéramos, por violencia.

---

[5] «Y si alguna vez en un experimento posterior se encuentra algo que sea contrario a lo hasta entonces hallado, entonces no sin esas excepciones es conveniente establecer la conclusión». No he logrado encontrar la obra concreta de la que Reid toma este texto.

Pero este autor, en lugar de mostrarles algún favor, parece deseoso de librarse de ellas.

De las ideas mencionadas es sólo la de *poder* la que concierne a la presente materia. Y, con respecto a ésta, el autor afirma con atrevimiento «que nunca tenemos idea alguna de poder; que nos engañamos cuando imaginamos que poseemos una idea de esta clase».

Comienza observando «que los términos *eficacia, acción, poder, fuerza, energía* son todos casi sinónimos y, por tanto, es absurdo emplear cualquiera de ellos para definir el resto. Por esta observación —dice— rechazamos enseguida todas las vulgares definiciones que los filósofos han dado de *poder* y *eficacia*».

Seguramente este autor no ignoraba que hay muchas cosas de las que tenemos una concepción clara y distinta, que son tan simples en su naturaleza que no pueden ser definidas de otra forma más que por palabras sinónimas. Es verdad que eso no es una definición lógica, pero que es —como afirma— absurdo usarla no puedo percibirlo cuando otra mejor no se puede tener.

Podría haber aplicado al *poder* y a la *eficacia* lo que dice en otro lugar sobre el *orgullo* y la *humildad*. Dice: «Las pasiones del *orgullo* y la *humildad* son impresiones simples y uniformes, es imposible dar una definición exacta de ellas. Como esas palabras son de uso general y las cosas que representan son las más comunes de todas, cada uno por sí mismo podrá formar una noción exacta de ellas sin peligro de error».

Menciona la explicación de Mr. Locke de la idea de poder, que —observando varios cambios en las cosas— concluimos que debe haber en alguna parte un poder capaz de producirlos y así llegamos por fin, por este razonamiento, a la idea de poder y eficacia.

«Pero —dice— para convencerse de que esta explicación es más popular que filosófica no necesitamos sino reflexionar sobre dos principios obvios: primero, *que la sola razón nunca puede dar lugar a ninguna idea original*; y, segundo, *que la razón, en tanto que distinta de la experiencia, nunca puede hacernos con-*

cluir que una causa o cualidad productiva es absolutamente requisito para cada comienzo de existencia.

Antes de considerar los dos principios que nuestro autor opone a la opinión popular de Mr. Locke, observo:

Primero, que hay algunas opiniones *populares* que, por ello mismo, merecen más consideración de los filósofos que la que este autor quiere concederles.

Que las cosas no pueden empezar a existir ni experimentar cambio alguno sin una causa que tenga poder de producir ese cambio es en verdad una opinión tan popular que, creo, este autor es el primero de la especie humana en ponerla en entredicho. Es tan popular que no hay un hombre de prudencia común que no actúe según esa opinión y dependa de ella cada día de su vida. Y cualquier hombre que guiara su vida por la opinión contraria sería pronto confinado por loco y continuaría en ese estado hasta que se encontrara una causa suficiente para su liberación.

Una opinión popular como ésta se sostiene sobre una mayor autoridad que la de la filosofía, y la filosofía debe pasar por ello si no quiere hacerse despreciable a todos los hombres de entendimiento común.

Porque, aunque en asuntos de profunda especulación la multitud debe ser guiada por los filósofos, en las cosas que están dentro del alcance del entendimiento de cualquiera y sobre las cuales gira la entera conducta de la vida, los filósofos deben seguir a la multitud o convertirse en seres ridículos.

Segundo, observo que, si esta opinión popular fuera verdadera o falsa, se seguiría del mismo tener los hombres esta opinión que tienen una idea de poder. Una opinión falsa sobre el poder, no menos que una verdadera, implica una idea de poder; porque, ¿cómo pueden tener los hombres una opinión, verdadera o falsa, acerca de una cosa de la que no tienen idea?

El *primero* de los muy obvios principios que el autor opone a la explicación de la idea de poder de Mr. Locke es que *la razón sola nunca puede dar lugar a una idea original.*

Esto me resulta tan lejos de ser un muy obvio principio como que lo muy obvio es lo contrario.

¿No es nuestra facultad de razonar la que crea nuestra idea misma de razonar ? Así como nuestra idea de ver se alza de nuestro estar dotado de tal facultad, así ocurre con nuestra idea de razonar. ¿No surgen de la facultad de la razón las ideas de demostración, probabilidad, nuestras ideas de silogismo, de mayor, menor y conclusión, de entimema, dilema, sorites y todos los diversos modos de razonar? ¿O es posible que un ser que no esté dotado con la facultad de razonar pueda tener estas ideas? Este principio, por tanto, dista tanto de ser una verdad obvia que resulta una obvia falsedad.

El *segundo* principio obvio es *que la razón, como distinta de la experiencia, nunca puede hacernos concluir que una causa o cualidad productiva es absolutamente requisito para cada comienzo de existencia.*

En alguno de los *Ensayos sobre los Poderes Intelectuales del Hombre* tuve ocasión de tratar de este principio: que cada cambio en la naturaleza debe tener una causa; para evitar repeticiones pido al lector que se dirija a lo que se dijo sobre esta materia en el Ensayo VI, cap. 6. Traté de mostrar que es un primer principio evidente para todos los hombres llegados al uso de razón. Además, el hecho de ser aceptado universalmente sin la menor duda desde el inicio del mundo lleva la marca segura del primer principio, la creencia de que es absolutamente necesario en los asuntos ordinarios de la vida y, sin él, ningún hombre podría actuar con prudencia común o escapar de la imputación de locura. Pero un filósofo, que actúa cada día de su vida bajo su firme creencia, piensa ponerlo en duda encerrado en la soledad de su despacho.

Insinúa aquí que podemos saberlo por la *experiencia*. [?] Mostraré que no lo aprendemos por experiencia por dos razones.

Primero, porque es una verdad necesaria y ha sido siempre recibida como una verdad necesaria. La experiencia no da información de lo que es necesario o de lo que debe serlo.

Podemos saber por experiencia lo que es o lo que fue, y podemos concluir con probabilidad lo que será en circunstancias semejantes, pero en lo que se refiere a lo que debe ser necesariamente la experiencia guarda un completo silencio.

Sabemos por una experiencia constante desde el comienzo del mundo que el sol y las estrellas se levantan por el este y se ponen por el oeste. Pero ningún hombre cree que no pudiera posiblemente haber sido de otra forma o que no depende de la voluntad y poder de Aquel que hizo el mundo si la tierra debe girar hacia el este o hacia el oeste.

De igual forma, si tuviéramos una experiencia incluso tan constante de que cada cambio en la naturaleza que hemos observado tuvo de hecho una causa, esto pudiera proporcionar fundamento a la creencia de que el futuro seguirá siendo así, pero no da ningún fundamento en absoluto para creer que debe ser así y que no puede ser de otra forma.

Otra razón para mostrar que este principio no se aprende por experiencia es *que la experiencia no nos muestra una causa de un cambio en cien cambios que observemos y, por tanto, nunca puede enseñarnos que debe haber una causa de todos.*

De todas las paradojas que este autor ha propuesto no hay ninguna más chocante para el entendimiento humano que esta: que las cosas pueden empezar a existir sin causa. Esto pondría fin tanto a toda especulación como a todos los asuntos de la vida. El trabajo de los especulativos desde el origen del mundo ha sido investigar las causas de las cosas. ¿No es una pena que nunca pensaran hacer la pregunta previa de si las cosas tienen una causa o no? Esta pregunta ha sido por fin hecha y ¿qué hay tan ridículo como para que no sea mantenido por ciertos filósofos?

Ya se ha dicho bastante sobre ello y más, creo, de lo que se merece. Pero ya que se trata de los poderes activos de la mente humana pensé como algo impropio no mencionar lo que ha sido dicho por tan célebre filósofo para mostrar que en la mente humana no hay idea alguna de poder.

Capítulo quinto
Si los seres que no tienen voluntad ni entendimiento pueden tener poder activo

Que el poder activo es un atributo que no puede existir sino en algún ser que posea ese poder y sea sujeto de ese atributo lo tomo y concedo como una verdad auto-evidente. Si puede haber poder activo en un sujeto que no tiene pensamiento, ni entendimiento, ni voluntad, no es tan evidente.

La ambigüedad de las palabras *poder*, *causa*, *agente* y de todas las palabras relacionadas con ellas tiende a complicar la cuestión. La debilidad del entendimiento humano que nos da sólo una concepción indirecta y relativa del poder contribuye a obscurecer nuestro razonamiento y debería hacernos más precavidos y modestos en nuestras conclusiones.

Poca luz podemos obtener sobre este asunto de los acontecimientos que observamos en el curso de la naturaleza. Percibimos cambios innumerables en las cosas independientemente de nosotros. Sabemos que estos cambios deben producirse por el poder activo de algún agente, pero no percibimos ni el agente ni el poder sino solamente el cambio. Si las cosas son activas o meramente pasivas, no es fácil descubrirlo. Y aunque pueda ser un objeto de curiosidad para unos pocos especulativos, no interesa mucho a la mayoría.

Conocer el acontecimiento y las circunstancias que lo acompañan y conocer en qué circunstancias pueden esperarse acontecimientos semejantes puede tener importancia en los asuntos de la vida. Pero conocer la eficiencia real, si es de la materia o de la mente, si es de un orden superior o inferior, eso nos concierne poco.

Así es en lo que se refiere a todos los efectos que atribuimos a la naturaleza.

Naturaleza es el nombre que damos a la causa eficiente de innumerables efectos que caen diariamente bajo nuestra observación. Pero si se preguntara lo que es la naturaleza —si la primera causa universal o una subordinada, si una o muchas, si inteligente o falta de inteligencia—, sobre estos puntos encontraríamos diversas conjeturas y teorías pero ningún fundamento sólido sobre el que apoyarnos. Y percibo que los hombres más sabios son los que reconocen que no saben nada del asunto.

Del curso de los acontecimientos en el mundo natural tenemos suficiente razón para concluir la existencia de una Primera Causa eterna e inteligente. Pero si Ella actúa inmediatamente en la producción de esos acontecimientos, o por agentes inteligentes subordinados, o por instrumentos que carecen de inteligencia, y cuál puede ser el número, la naturaleza y las diferentes misiones de esos agentes o instrumentos, esas cosas percibo que son misterios situados más allá de los límites del conocimiento humano. Vemos un orden establecido en la sucesión de los eventos naturales, pero no vemos los lazos que los conectan a todos.

En tanto que derivamos tan poca luz, en lo que se refiere a las causas eficientes y a sus poderes activos, de la mirada al mundo natural, vamos a continuación a prestar atención a la moral, es decir, a las acciones y a la conducta humanas.

Mr. Locke observa con justicia «que de la observación de la operación de los cuerpos por nuestros sentidos tenemos sólo una muy obscura e imperfecta idea de poder activo, puesto que no nos proporciona ninguna idea en sí misma del poder para comenzar cualquier acción o de movimiento o pensamiento». Añade que «encontramos en nosotros mismos un poder para empezar o soportar, continuar o terminar varias acciones de nuestras mentes y movimientos de nuestros cuerpos apenas por un pensamiento o preferencia de la mente ordenando o, como si dijéramos, mandando hacer o no hacer una acción particular. Este poder que tiene la mente para ordenar la consideración de una idea, o poder considerarla, o preferir el movimiento de una parte del cuerpo a su descanso y *viceversa*, en cualquier ejemplo particular, es lo que llamamos *voluntad*. El ejercicio de hecho de tal poder al dirigir cualquier acción particular o su continuación es lo que llamamos *volición* o *querencia*».

Según Mr. Locke, por tanto, la única noción clara que tenemos del poder activo se toma del poder que encontramos en nosotros mismos para imprimir ciertos movimientos a nuestros cuerpos o una cierta dirección a nuestros pensamientos; y este poder que está en nosotros puede llevarse a la acción sólo por querencia o volición.

De esto se sigue, pienso, que si no tuviéramos voluntad y ese grado de entendimiento que necesariamente implica la voluntad no podríamos ejercer ningún poder activo y, en consecuencia, no podríamos tener ninguno, porque el poder que no puede ser ejercido no es poder. Se sigue también que el poder activo, del cual solamente podemos tener una concepción distinta, puede estar sólo en seres que tienen entendimiento y voluntad.

El poder para producir un efecto implica poder para no producirlo. No se puede concebir forma en la que el poder se determine a uno más bien que a otro en un ser que no tiene voluntad.

Cualquiera que sea el efecto del poder activo debe ser algo contingente. Existencia contingente es aquella que depende del poder y la voluntad de su causa. Opuesto a ella está la existencia necesaria que atribuimos al Ser Supremo, porque su existencia no se debe al poder de ser alguno. La misma distinción hay entre verdades contingentes y necesarias.

Que los planetas de nuestro sistema giran alrededor del sol de oeste a este, es una verdad contingente, porque dependió del poder y voluntad de Aquel que hizo el sistema planetario y le dio movimiento. Que un círculo y una línea recta pueden cortarse el uno a la otra solamente en dos puntos, es una verdad que no depende del poder ni de la voluntad y, por tanto, se llama necesaria e inmutable. La contingencia, por tanto, hace relación al poder activo en tanto que todo poder activo se ejerce en eventos contingentes y en tanto que tales eventos no pueden tener existencia a no ser por el ejercicio del poder activo.

Cuando observo crecer una planta desde la semilla hasta la madurez, sé que debe haber una causa que tiene poder para producir tal efecto. Pero ni veo la causa ni la forma en la que opera.

Pero en ciertos movimientos de mi cuerpo y direcciones de mi pensamiento, sé no solamente que debe haber una causa que tiene poder para producir esos efectos, sino que yo soy tal causa; y soy consciente de lo que hago para producirlos.

De la conciencia de nuestra propia actividad me parece que se deriva no sólo la más clara sino la única concepción que podemos formar de la actividad o del ejercicio del poder activo.

Como soy incapaz de formar una noción de cualquier poder intelectual diferente en clase a los que poseo, lo mismo se sostiene respecto al poder activo. Si todos los hombres hubieran sido ciegos, no podríamos tener concepción alguna del poder de ver ni nombre alguno para ello en el lenguaje. Si el hombre no tuviera los poderes de abstracción y razonamiento, no podríamos haber tenido concepción alguna de esas operaciones. Igualmente, si no tuviera algún grado de poder activo y no fuera consciente de su ejercicio en sus acciones voluntarias, es probable que no tuviera concepción de actividad o de poder activo.

Una secuencia de eventos siguiéndose uno a otro regularmente nunca nos podría llevar a la noción de causa si no tuviéramos por nuestra constitución la necesidad de una causa para cada evento.

Y de la manera en la que una causa puede ejercer su poder activo no podemos tener concepción sino de la conciencia de la manera en la cual se ejerce nuestro propio poder activo.

En lo que se refiere a las operaciones de la naturaleza, nos es suficiente conocer que cualesquiera que puedan ser los agentes, cualquiera la manera de sus operaciones o el alcance de sus poderes, dependen de la Primera Causa y están bajo su control; y esto es, en verdad, todo lo que sabemos; más allá de esto estamos en la obscuridad. Pero en lo que se refiere a las acciones humanas tenemos un interés más inmediato.

Nos es de la mayor importancia, como criaturas morales y responsables, saber qué acciones están en nuestro poder, porque es sólo por ésas por las que podemos rendir cuentas a nuestro Hacedor o a los otros hombres en sociedad. Sólo por ésas podemos tener mérito o culpa; sólo en ésas debemos emplear toda nuestra prudencia, sabiduría y virtud y, por tanto, en lo que se refiere a ellas, el sabio Autor de la naturaleza no nos ha dejado a obscuras.

Todos los hombres son llevados por naturaleza a atribuirse la libre determinación de su propia voluntad y a creer que esos eventos que están en su poder dependen de su voluntad. Por otra parte, es autoevidente que nada está en nuestro poder que no esté sujeto a nuestra voluntad.

Crecemos desde la niñez a la edad adulta, digerimos el alimento, nuestra sangre circula, nuestro corazón y arterias laten, estamos algunas veces enfermos y otras sanos. Todo esto debe hacerse por el poder de algún agente, pero no lo hacemos por nuestro poder. ¿Cómo lo sabemos? Porque no son sujetos de nuestra voluntad. Este es el criterio infalible por el que distinguimos lo que hacemos de lo que no, lo que está en nuestro poder de lo que no.

El poder humano, por tanto, puede solamente realizarse por la voluntad y somos incapaces de concebir cualquier poder activo que se realice sin voluntad. Todo hombre sabe infaliblemente que lo que hace por su voluntad consciente e intención debe imputársele a él como su agente o causa, y que todo lo que se hace sin su voluntad e intención no puede verdaderamente serle imputado.

Juzgamos de las acciones y conducta de los otros hombres por la misma regla por la que juzgamos de las nuestras. En moral es autoevidente que ningún hombre puede ser objeto ni de aprobación ni de culpa por lo que no hizo. Pero, ¿cómo sabremos si lo hizo o no? Si la acción depende de su voluntad y él la pretendió y la quiso, es una acción suya para el juicio de toda la especie humana. Pero si fue hecha sin su conocimiento, o sin su voluntad o intención, es cierto que él no la hizo y que no debería serle imputada a él como agente.

Cuando hay duda de a quién hay que imputar una acción particular, la duda surge solamente de nuestra ignorancia de los hechos; cuando los hechos que se le refieren son conocidos, ningún hombre en sus cabales tiene duda alguna de a quién debe imputarse la acción.

Las reglas generales de imputación son autoevidentes. Han sido las mismas en todas las edades y entre todas las naciones civilizadas. Ningún hombre culpa a otro por ser negro o blanco, por tener fiebre o haber caído enfermo, porque se cree que estas cosas no están en su poder y se cree que no están en su poder porque no dependen de su voluntad. Nunca podremos concebir que la obligación de un hombre vaya más allá de su poder o que su poder vaya más allá de lo que depende de su voluntad.

La razón nos lleva a atribuir poder ilimitado al Ser Supremo. Pero, ¿qué queremos decir con poder ilimitado? Es el poder de hacer cualquier cosa que quiera. Suponer que hace lo que no quiere es absurdo.

La única concepción distinta que puedo formar del poder activo es que es un atributo de un ser por el cual puede hacer ciertas cosas si quiere. Esto, después de todo, es sólo una concepción relativa. Es relativa al efecto y a la voluntad de producirlo. Elimina estas cosas y la concepción desaparece. Son las claves por las que la mente funciona. Cuando desaparecen deja de funcionar. Lo mismo pasa con otras concepciones relativas. Así, la velocidad es un estado real del cuerpo sobre el cual los filósofos razonan con la fuerza de la demostración, pero nuestra concepción de ella es relativa al espacio y al tiempo. ¿Qué es la velocidad en un cuerpo? Es un estado en el cual pasa a través de un determinado espacio en determinado tiempo. Espacio y tiempo son muy diferentes de la velocidad, pero no podemos concebirla sino por su relación a ellos. El efecto producido y la voluntad de producirlo son cosas diferentes del poder activo, pero no tenemos concepción de él sino por su relación a ellos.

Que la concepción de una causa eficiente y de actividad real pudiera haber entrado en la mente del hombre si no hubiéramos tenido la experiencia de la actividad en nosotros mismos, no puedo determinarlo con certeza. El origen de muchas de nuestras concepciones e incluso de muchos de nuestros juicios no se puede trazar tan fácilmente como los filósofos generalmente piensan. Ningún hombre puede recordar la primera vez en la que obtuvo la concepción de causa eficiente o la vez en la que por vez primera obtuvo la creencia de que es necesaria una causa eficiente para cada cambio de la naturaleza. La concepción de causa eficiente puede muy probablemente derivarse de la experiencia que hemos tenido en nuestros primeros años de que nuestro propio poder produce ciertos efectos. Pero la creencia de que ningún evento puede ocurrir sin una causa eficiente no se puede derivar de la experiencia. Podemos aprender de la experiencia lo que *es* o lo que *fue*, pero ninguna experiencia puede enseñarnos lo que *debe ser necesariamente*.

Asimismo, probablemente derivamos la concepción del dolor de la experiencia que tenemos de él en nosotros mismos, pero la creencia de que sólo puede tener dolor un ser vivo no se puede obtener de la experiencia, porque es una verdad necesaria y ninguna verdad necesaria puede comprobarse por experiencia.

Si fuera así que la concepción de la causa eficiente entra en la mente sólo por la temprana convicción que tenemos de la eficiencia de nuestras propias acciones voluntarias (que creo que es lo más probable), la noción de eficiencia se reduciría a esto: que es una relación entre la causa y el efecto similar a la que hay entre nosotros y nuestras acciones voluntarias. Esta es seguramente la noción más distinta y, pienso, la única noción que nos podemos formar de la eficiencia real.

Es evidente que establecer la relación entre yo y mi acción, mi concepción de la acción y la voluntad de hacerla es esencial. Lo que nunca concebí ni quise, nunca lo hice.

Por tanto, si algún hombre afirmara que un ser puede ser la causa eficiente de una acción y tener poder para producirla, y que ese ser nunca puede ni concebirla ni quererla, habla un idioma que no entiendo. Si quiere decir algo, su noción de poder y de eficiencia debe ser esencialmente diferente de la mía y hasta que no me explique su noción de eficiencia no puedo asentir más a su opinión que si afirmara que un ser sin vida puede sentir dolor.

Por tanto, lo que me resulta más probable es que sólo los seres que tienen algún grado de entendimiento y voluntad puedan poseer poder activo y que los seres inanimados deben ser meramente pasivos y no tener actividad real. Nada de lo que percibimos fuera de nosotros nos proporciona un buen fundamento para atribuir poder activo a ningún ser inanimado y todo lo que podemos descubrir en nuestra constitución nos lleva a pensar que el poder activo no puede ser ejercido sin voluntad e inteligencia.

Capítulo sexto
De las causas eficientes de los fenómenos de la naturaleza

Si el poder activo, en su significado propio, requiere un sujeto dotado de voluntad e inteligencia, ¿qué diremos de esos poderes activos que los filósofos nos enseñan que debemos atribuir a la materia: los poderes de atracción corpuscular, magnetismo, electricidad, gravitación y otros? ¿No se admite universalmente que los cuerpos pesados caen al suelo por el poder de la gravedad, y que, por el mismo poder, la luna y todos los planetas y cometas se mantienen en sus órbitas? ¿Han estado abusando de nosotros los más eminentes filósofos naturales y nos han dado palabras en lugar de causas reales?

Respondiendo a esto, concibo que los principios de la filosofía natural han sido en los tiempos modernos construidos sobre un fundamento inamovible y que solamente pueden cuestionarlos los que no entienden la evidencia sobre la que descansan. Pero la ambigüedad de las palabras *causa, acción, poder activo*, y otras palabras referentes a éstas ha conducido a muchos a entenderlas, cuando se usan en filosofía natural, en un sentido equivocado y en un sentido que no es ni necesario para establecer los verdaderos principios de la filosofía natural ni los más ilustrados en esa ciencia quisieron darlos a entender así.

Para convencerse de esto, podemos observar que los mismos filósofos que atribuyeron a la materia el poder de gravitación y otros poderes activos, nos enseñan, al mismo tiempo, que la materia es una substancia generalmente inerte y meramente pasiva, que la gravitación y los otros poderes de atracción y repulsión que le adscriben no son inherentes a su naturaleza sino impresos por alguna causa externa que no pretenden conocer o explicar. Ahora, cuando encontramos hombres sabios atribuyendo acción y poder activo a la substancia que ellos expresamente nos enseñan que consideremos como meramente pasiva y siendo movida por alguna causa desconocida, debemos concluir que la acción y el poder activo que se le adscribe no deben ser comprendidos en sentido estricto sino en algún sentido popular.

Debe igualmente observarse que aunque los filósofos, para hacerse entender, deben hablar el lenguaje del vulgo —como cuando dicen que el sol se levanta y se pone y va a través de todos los signos del zodiaco— piensan frecuentemente de manera muy diferente al vulgo. Oigamos lo que el más grande de los filósofos naturales dice en la octava definición que une a sus *Principia: «Voces autem attractionis, impulsus, vel propensionis cujuscunque in centrum, indifferenter et pro se mutuo promiscue usurpo; has vires non physice sed mathematice considerando. Unde caveat lector, ne per hujus modi voces cogitet me speciem vel modum actionis, causamve aut rationem physicam, alicubi definire; vel centris (quae sunt puncta mathematica) vires vere et physice tribuere, si forte centra trahere, aut vires centrorum esse, dixero*»[6].

En todas las lenguas, la acción se atribuye a muchas cosas que todos los hombres en uso de razón creen que son meramente pasivas. Así decimos que el viento sopla, los ríos fluyen, el mar se embravece, el fuego quema, los cuerpos se mueven e impelen a otros cuerpos.

Todo objeto que experimenta un cambio debe ser activo o pasivo en ese cambio. Esto es autoevidente a todos los hombres desde la primera alborada de la razón y, por tanto, el cambio se expresa siempre en el lenguaje por un verbo activo o pasivo. No conozco ningún verbo que exprese un cambio que no implique o acción o pasión. La cosa o cambia o es cambiada. Pero hay que señalar en el lenguaje que cuando una causa externa del cambio no es obvia, el cambio siempre se le imputa a la cosa cambiada como si estuviera animada y tuviera poder activo para producir el cambio por ella misma. Así decimos: la luna cambia, el sol se levanta y se pone.

Así los verbos activos se aplican frecuentemente, y los poderes activos se imputan, a cosas que un conocimiento avanzado y la experiencia nos enseñan que son meramente pasivas. Me esforcé en explicar esta propiedad, común a todas las lenguas, en el segundo capítulo de este *Ensayo,* al cual remito al lector.

Una irregularidad semejante puede observarse en el uso de la palabra que significa *causa,* en todas las lenguas y en las palabras relacionadas con ella.

---

[6] «Llamo en el mismo sentido acelerativas y motrices a las atracciones e impulsos; y utilizo las palabras atracción, impulso o propensión de cualquier tipo hacia un centro de modo indiferente e intercambiable, pues considero esas fuerzas no física, sino matemáticamente. El lector no debe imaginar que mediante esas palabras pretendo definir la especie o modo de las acciones, ni sus causas o razones físicas, ni que atribuyo fuerzas en un sentido físico y auténtico a centros (que son sólo puntos matemáticos) cuando aludo a centros dotados de capacidad atractiva». Tomo la traducción de la edición de los *Principios matemáticos de la filosofía natural* de Newton editada por Tecnos (Madrid 1997, p. 32).

Nuestro conocimiento de las causas es muy insuficiente en los estados más avanzados de la sociedad, mucho más que en los tempranos orígenes en los cuales se formó el lenguaje. Un fuerte deseo de conocer las causas de las cosas es común a todos los hombres en cada estado, pero la experiencia de todos los tiempos muestra que este fuerte apetito, más bien que vaciarse, se alimenta de cáscaras de conocimiento real allí donde no se puede encontrar el fruto.

Mientras estamos en la más profunda obscuridad en lo que se refiere a los agentes o causas reales que producen los fenómenos de la naturaleza y tenemos, al mismo tiempo, una avidez para conocerlas, hombres de ingenio hacen conjeturas que los de entendimiento más débil toman por verdad. El precio es barato, pero el apetito lo baja.

Así, en un sistema muy antiguo, se convirtieron el amor y el odio en causas de las cosas; Platón hizo que las causas de las cosas fueran la materia, las ideas y un arquitecto eficiente; Aristóteles, la materia, la forma y la privación; Descartes, la materia pensada y una cierta cantidad de movimiento dada por el Todopoderoso al principio como todo lo que es necesario para hacer el mundo material; Leibniz concibió el universo entero, incluso su parte material, como hecho de *mónadas*, cada una de las cuales es activa e inteligente y produce por sí misma, por su propio poder activo, todos los cambios que se realizan desde el comienzo de la existencia hasta la eternidad.

En lenguaje común damos el nombre de *causa* a una razón, un motivo, un fin o cualquier circunstancia que se conecta con el efecto y le antecede.

Aristóteles y los escolásticos que le sucedieron distinguen cuatro clases de causas: la eficiente, la material, la formal y la final. Esta, como muchas de las distinciones de Aristóteles, es solamente una distinción de los diversos significados de una palabra ambigua, porque lo eficiente, la materia, la forma y el fin no tienen nada en común en sus naturalezas por lo que puedan ser entendidos como especies del mismo *género*. Pero la palabra griega que traducimos por *causa* tenía esos cuatro diferentes significados en los días de Aristóteles y nosotros le hemos añadido otros significados. No llamamos causas de una cosa a la materia o la forma, pero tenemos causas finales (*final causes*), causas instrumentales, causas ocasionales y no sé cuántas otras.

Así pues, la palabra *causa* ha sido tan trillada y se le ha hecho tener tantos significados diferentes en los escritos de los filósofos y en el uso vulgar que su significado original y propio se ha perdido en la multitud.

En lo que se refiere a los fenómenos de la naturaleza, el importante fin de conocer sus causas, además de gratificar nuestra curiosidad, hace que podamos conocer cuándo esperarlas o cómo producirlas. Con mucha frecuencia esto es de real importancia en la vida y es este propósito cumplido por el conocimiento lo que, por el curso de la naturaleza, las antecede y se conecta con ellas, y a esto, por tanto, lo llamamos *causa* de tal fenómeno.

Si se pusiera un imán cerca de la brújula de un marino, la aguja, que estaba hasta entonces en reposo, empezaría inmediatamente a moverse y a cambiar su rumbo hacia el imán o quizás hacia el lado contrario. Si a un marinero, aunque fuera poco experimentado, se le preguntara la causa de este movimiento, no se quedaría callado. Diría que es el imán y la prueba sería clara, puesto que quitando el imán el efecto cesa y volviéndolo a traer cerca el efecto se produciría de nuevo. Es, por tanto, evidente al sentido que el imán es la causa de este efecto.

Un filósofo cartesiano se adentra más profundamente en la causa de este fenómeno. Observa que el imán no toca la aguja y, por tanto, no puede darle impulso. Se compadece de la ignorancia del marinero. El efecto se produce, dice, por efluvios magnéticos o materia sutil que pasa del imán a la aguja y la cambia de lugar. Puede incluso mostrarnos en una figura de dónde brotan esos efluvios magnéticos del imán, qué recorrido hacen y el camino por el que retornan a su origen. Y así piensa que entiende perfectamente cómo y por qué causa se produce el movimiento de la aguja.

Un filósofo newtoniano busca qué prueba se puede dar de la existencia de efluvios magnéticos y no puede encontrar ninguna. Sostiene, por tanto, que son una ficción, una hipótesis y ha aprendido que las hipótesis deberían estar fuera de lugar en la filosofía de la naturaleza. Confiesa su ignorancia sobre la causa real de este movimiento y piensa que su ocupación como filósofo es solamente encontrar a partir de la experiencia las leyes por las cuales se regula en todos los casos.

Estas tres personas difieren mucho en sus opiniones referentes a la causa real de este fenómeno y el más sabio es aquel que conoce que no sabe nada del asunto. Aunque los tres hablen el mismo idioma y reconozcan que la causa del movimiento es el poder de atracción o repulsión del imán.

Lo que se ha dicho de esto puede ser aplicado a todos los fenómenos que caen dentro del ámbito[7] de la filosofía natural. Nos engañamos si pensamos que podemos señalar la causa eficiente real de cualquiera de ellos.

El descubrimiento más grande que se ha hecho nunca en filosofía natural fue el de la ley de gravitación, que nos abre un punto de vista tal de nuestro sistema planetario que parece algo divino. Pero el autor de este descubrimiento era perfectamente consciente de que no descubría causa real alguna, sino sólo la ley o regla según la cual opera una causa desconocida.

Los filósofos naturales que piensan con exactitud tienen un significado preciso para los términos que usan en la ciencia y, cuando quieren mostrar la causa de cualquier fenómeno de la naturaleza, quieren decir por causa una ley de la naturaleza de la que ese fenómeno es una consecuencia necesaria.

---

[7] Reid hace aquí un juego de palabras al utilizar en este lugar la palabra *compass* (ámbito) que recuerda cuando la utilizó varios párrafos antes significando brújula.

Todo el objeto de la filosofía natural, como Newton expresamente enseña, se puede reducir a estos dos principios: primero, descubrir las leyes de la naturaleza por la pura inducción del experimento y la observación, y luego aplicar esas leyes a la explicación de los fenómenos de la naturaleza. Esto fue todo lo que este gran filósofo intentó y todo lo que pensó alcanzable. Y lo consiguió en gran medida en lo que se refiere a los movimientos de nuestro sistema planetario y en lo que se refiere a los rayos de luz.

Pero, suponiendo que todos los fenómenos de la naturaleza cayeran dentro del alcance de nuestros sentidos y que fueran explicados por las leyes generales de la naturaleza justamente deducidas de la experiencia —esto es, suponiendo la filosofía natural llevada a la mayor perfección—, no se descubriría la causa eficiente de ningún fenómeno de la naturaleza.

Las leyes de la naturaleza son las reglas según las cuales se producen los efectos, pero debe haber una causa que opera de acuerdo con esas reglas. Las reglas de la navegación nunca navegaron un barco, las reglas de la arquitectura jamás construyeron una casa.

Los filósofos naturales, prestando una gran atención al curso de la naturaleza, han descubierto muchas de sus leyes y las han aplicado con mucho éxito a la explicación de muchos fenómenos. Pero nunca han descubierto la causa eficiente de ningún fenómeno. Ni siquiera de estos de los que tienen nociones distintas de los principios de la ciencia tienen tal pretensión.

En el teatro de la naturaleza vemos innumerables efectos que requieren un agente dotado con poder activo, pero el agente está detrás del escenario. Si es la Causa Suprema sola o una causa o causas subordinadas, y si son las causas subordinadas empleadas por el Todopoderoso, cuáles son sus naturalezas, su número y cuáles pueden ser sus diferentes funciones, son cosas escondidas, sin duda por sabias razones, al ojo humano.

Sólo en las acciones humanas, aquellas en las que se puede imputar alabanza o culpa, nos es necesario saber quién es el agente y para ello la naturaleza nos ha dado toda la luz que es necesaria para nuestra conducta.

Capítulo séptimo
Del alcance del poder humano

Todo lo que es laudable y digno de alabanza en el hombre debe consistir en el ejercicio correcto del poder que le ha sido dado por su Hacedor. Este es el talento del que debe ocuparse y del cual debe dar cuenta a Aquel que en confianza se lo entregó.

A algunas personas se les da más poder que a otras, y a la misma persona más una veces y menos otras. Su existencia, su alcance y su continuidad dependen en exclusiva de la voluntad del Todopoderoso, pero todo hombre que sea responsable debe tener más o menos de él. Es absurdo llamar a una persona a rendir cuentas para aprobar o desaprobar su conducta si no tiene poder para hacer el bien o el mal. Ningún axioma de Euclides resulta más evidente que esto.

Como el poder es un regalo valioso, menospreciarlo es ingratitud con su Dador; sobreestimarlo engendra orgullo y presunción y lleva a intentos fallidos. Hay por tanto, en cada hombre, un punto de sabiduría para estimar su propio poder en sus justas dimensiones. *Quid ferre recusent, quid valeant humeri*[8].

Podemos sólo hablar del poder del hombre en general y, como nuestra noción de poder es relativa a sus efectos, podemos estimar su alcance solamente por los efectos que es capaz de producir.

---

[8] Esa expresión corresponde a unos versos de Horacio en su *Ars poetica* 11, 39-40, que se completan de la siguiente forma: *«Et versate diu quid ferre recusent, quid valeant humeri»*. Se pueden traducir de la siguiente forma: «Piensa durante largo tiempo qué es lo que los hombros rehusan llevar y qué es lo que pueden soportar».

Sería erróneo estimar el alcance del poder humano por los efectos que produce de hecho. Cada hombre tuvo poder para hacer muchas cosas que no hizo y para no hacer muchas cosas que hizo. De otra forma no podría ser un objeto ya sea de aprobación o de desaprobación para cualquier ser racional.

Los efectos del poder humano son o inmediatos o más remotos.

Los efectos inmediatos creo que se pueden reducir a dos principios. Podemos dar ciertos movimientos a nuestros propios cuerpos y podemos dar ciertas direcciones a nuestros propios pensamientos.

Todo lo que podamos hacer más allá de esto, debe ser hecho por uno de esos medios o por ambos.

No podemos producir movimiento alguno en cualquier cuerpo del universo a no ser moviendo primero nuestro propio cuerpo como instrumento. Ni podemos producir pensamiento en otra persona a no ser por el pensamiento y movimiento de nosotros mismos.

Nuestro poder para mover nuestro propio cuerpo no está sólo limitado en su alcance sino que está sujeto en su naturaleza a leyes mecánicas. Podría comparársele a una corriente dotada del poder de contraerse o expandirse a sí misma, pero que no puede contraerse sin hacerlo igualmente por ambos lados ni expandirse sin extenderse igualmente por ambos lados, de tal manera que cada acción de la corriente va siempre acompañada de una reacción igual en una dirección contraria.

Podemos concebir un hombre que tenga el poder de mover su cuerpo entero en cualquier dirección sin la ayuda de ningún otro cuerpo, o un poder para mover una parte de su cuerpo sin la ayuda de ninguna otra parte. Pero la filosofía nos enseña que el hombre no tiene tal poder.

Si lleva su cuerpo entero en una dirección con una cierta cantidad de movimiento, puede hacerlo solamente empujando la tierra o algún otro cuerpo con una cantidad igual de movimiento en la dirección contraria. Si extendiera su brazo en una dirección, el resto del cuerpo es empujado con una cantidad igual de movimiento en la dirección contraria.

Este es el caso que se refiere a todos los movimientos animales y voluntarios que caen dentro del alcance de nuestros sentidos. Se ejecutan por la contracción de ciertos músculos, y un músculo, cuando se contrae, lo hace igualmente a ambos lados. En cuanto a los movimientos antecedentes a la contracción del músculo y consecuentes a la volición del animal, no sabemos nada ni podemos decir nada sobre ellos.

Ni incluso sabemos cómo esos efectos inmediatos de nuestro poder se producen por quererlos. No percibimos ninguna conexión necesaria entre la volición y el ejercicio por nuestra parte y el movimiento de nuestro cuerpo que les sigue.

Los anatomistas nos informan de que cada movimiento voluntario del cuerpo se realiza por la contracción de ciertos músculos y que los músculos se contraen por alguna influencia derivada de los nervios. Pero, sin pensar lo más mínimo en los músculos o en los nervios, queremos sólo el efecto externo y la maquinaria interna, sin nuestra petición, produce el efecto inmediatamente.

Esta es una de las maravillas de nuestro cuerpo que tenemos razón al admirar, pero explicarla está más allá del alcance de nuestra comprensión.

Que hay una armonía establecida entre nuestro querer ciertos movimientos de nuestros cuerpos y la operación de los nervios y músculos que produce esos movimientos es un hecho conocido por experiencia. Esta volición es un acto de la mente. Pero si este acto de la mente tiene algún efecto físico sobre los nervios y músculos o si es sólo una ocasión para que actúen sobre ellos alguna otra causa eficiente, de acuerdo con las leyes establecidas de la naturaleza, nos está oculto. Tan obscura es nuestra concepción de nuestro poder cuando vamos a su origen.

Tenemos buenos motivos para creer que la materia tuvo su origen en la mente tanto como todos sus movimientos, pero de cómo o en qué manera es movida por la mente sabemos tan poco como de la manera en que fue creada.

Es posible, por tanto, para algo que conozcamos, que lo que llamamos efectos inmediatos de nuestro poder puedan no ser así en su más estricto sentido. Entre la voluntad de producir el efecto y su producción puede haber agentes o instrumentos de los que seamos ignorantes.

Esto puede arrojar alguna duda sobre si somos en sentido estricto causa eficiente de los movimientos voluntarios de nuestro cuerpo. Pero no puede producir duda en lo que se refiere a la estimación moral de nuestras acciones.

El hombre que sabe que un evento depende de su voluntad y deliberadamente quiere producirlo es, en el más estricto sentido moral del término, causa del evento y se le puede imputar con justicia cualesquiera que sean las causas físicas que hayan concurrido en su producción.

Así, aquel que maliciosamente pretende disparar a su vecino para matarle y voluntariamente lo hace es, sin duda, causa de su muerte, aunque no hizo más para ocasionarla que apretar el gatillo del arma. Ni le dio a la bala su velocidad, ni a la pólvora su fuerza expansiva, ni al pedernal ni al acero el poder de hacer fuego. Pero conocía que de lo que hacía se seguiría la muerte del hombre y lo hizo con esa intención y, por tanto, es justamente cargado con el asesinato.

Por tanto, los filósofos pueden disputar inocentemente si nosotros somos la causa eficiente apropiada de los movimientos voluntarios de nuestro cuerpo o si somos sólo, como piensa Malebranche, causas ocasionales. La determinación de esta cuestión, si se puede determinar, no puede tener efecto sobre la conducta humana.

La otra rama de lo que está inmediatamente en nuestro poder es dar una cierta dirección a nuestros propios pensamientos. Ésta, como la primera rama, se limita en varios sentidos. Es mayor en algunas personas que en otras y, en la misma persona, es muy diferente según la salud de su cuerpo y el estado de su mente. Pero que los hombres, cuando están libres de enfermedad de cuerpo y mente, tienen un considerable grado de poder de esta clase y que puede ser enormemente incrementado por la práctica y el hábito, es bastante evidente por experiencia y por la natural convicción de toda la especie humana.

Si fuéramos a examinar minuciosamente la conexión entre nuestras voliciones y la dirección de nuestros pensamientos que obedecen esas voliciones, si fuéramos a considerar cómo somos capaces de prestar atención a un objeto por cierto tiempo y volver nuestra atención a otro cuando lo elegimos, pudiéramos quizás encontrar difícil determinar si la mente misma es la única causa eficiente de los cambios voluntarios en la dirección de nuestros pensamientos o si necesita la ayuda de otras causas eficientes.

No veo una buena razón por la que la disputa de las causas eficientes y ocasionales no pueda aplicarse al poder de dirigir nuestros pensamientos tanto como al poder de mover nuestros cuerpos. En ambos casos, percibo, la disputa es interminable y si pudiera terminarse no sería fructífera.

Nada aparece con más evidencia a nuestra razón que debe haber una causa eficiente de todo cambio que ocurre en la naturaleza. Pero cuando intento comprender la manera en la cual opera la causa eficiente, ya sea sobre el cuerpo o sobre la mente, surge una obscuridad que mis facultades no son capaces de penetrar.

Sin embargo, por pequeños que parezcan ser los efectos inmediatos del poder humano, sus efectos remotos son muy importantes.

A este respecto, el poder del hombre puede ser comparado al del Nilo, el Ganges y al de otros grandes ríos que configuran el globo terráqueo y, atravesando vastas regiones, unas veces traen grandes beneficios y otras grandes desgracias a muchas naciones. A pesar de eso, cuando vemos el origen de esos ríos, encontramos que surgen de minúsculas fuentes y regueros.

¿Qué es la orden de un príncipe poderoso sino el sonido de su aliento modificado por sus órganos de habla? Pero puede tener grandes consecuencias, puede levantar ejércitos, armar flotas y llevar guerra y desolación a gran parte de la tierra.

Lo más pequeño de la especie humana tiene un considerable poder de hacer el bien y más de hacerse daño a sí mismo y a los otros.

Por esto creo que podemos concluir que, aunque la degeneración de la especie humana sea grande y haya justamente que lamentarla, aún los hombres, en general, están más dispuestos a hacer el bien que a hacer daño a sus compañeros los hombres. Lo último está mucho más en su poder que lo primero y, si estuvieran realmente dispuestos a ello, la sociedad humana no podría subsistir y las especies desaparecerían pronto de la tierra.

Podemos primero considerar los efectos que se pueden producir por el poder humano sobre el sistema material.

Está confinado en verdad al planeta que habitamos, no podemos cambiar otro ni podemos producir cambio alguno en los movimientos anuales o diarios del nuestro.

Pero por el poder humano se pueden hacer grandes cambios en la superficie de la tierra, y los tesoros de metales y minerales que almacena en sus entrañas pueden ser descubiertos y traídos fuera.

El Ser Supremo pudo, sin duda, haber hecho que la tierra satisficiera las necesidades del hombre sin ninguna tarea de trabajo humano. A muchos animales inferiores que ni plantan ni siembran ni hilan se les provee por la generosidad del Cielo. Pero no es éste el caso del hombre.

Tiene poderes activos y se le ha dado ingenio por el que puede hacer mucho para cubrir sus necesidades, y su trabajo es necesario para tal propósito.

Sus necesidades son mayores que las de cualquier otro animal que habita el globo y sus recursos son proporcionales a ellas y están dentro de la esfera de su poder.

La tierra está dejada por naturaleza en tal estado como para requerir el cultivo para que el hombre la habite.

Es susceptible de cultivo en la mayoría de los lugares hasta tal punto que, por el trabajo humano, puede proporcionar subsistencia a un número cien veces mayor de hombres que el que lo haría en su estado natural.

Cada grupo de hombres en cada clima debe trabajar para su subsistencia y vida y su satisfacción es más o menos adecuada en proporción al trabajo empleado propiamente en ese propósito.

Evidentemente, es la intención de la Naturaleza que el hombre tenga que ser laborioso y que tenga que ejercer sus poderes de cuerpo y mente para su propio bien y el común. Y, por su poder propiamente aplicado, puede hacer grandes adelantos en la fertilidad de la tierra y un gran aumento en su propia habitabilidad y confortabilidad.

Despejando, labrando, y abonando el suelo, plantando y sembrando, construyendo ciudades y puertos, dragando pantanos y lagos, haciendo navegables los ríos y uniéndolos por canales, manufacturando los bastos materiales que la tierra, debidamente cultivada, produce en abundancia, por el mutuo intercambio de productos y de trabajo, puede convertir la estéril espesura en morada de estados ricos y poblados.

Si comparamos la ciudad de Venecia, la provincia de Holanda, el imperio de la China con esos lugares de la tierra que nunca han sentido la mano de la industria, podemos formarnos alguna concepción del alcance del poder humano sobre el sistema material, al cambiar la faz de la tierra y facilitar la existencia de la vida humana.

Pero para producir esos afortunados cambios el hombre mismo debe perfeccionarse.

Sus facultades animales bastan para la preservación de la especie, crecen por ellas mismas como los árboles del bosque, que requieren sólo de la fuerza de la naturaleza y de las influencias del Cielo.

Sus facultades racionales y morales, como las de la misma tierra, son rudas y estériles por naturaleza, pero capaces de un alto grado de cultura, y esa cultura la debe recibir de los padres, de los instructores, de aquellos con los que vive en sociedad, unida con su propia industria.

Si consideramos los cambios que el hombre puede producir en su propia mente y en la mente de otros, resultan ser grandes.

Puede hacer grandes adelantos en su propia mente al adquirir los tesoros del conocimiento útil, los hábitos de la destreza en las artes, los hábitos de la sabiduría, prudencia y autodominio y todas las otras virtudes. Está constituido por la naturaleza que tales cualidades que exaltan y dignifican la naturaleza humana tienen que ser adquiridas por propio esfuerzo. Por una conducta contraria tales cualidades nos degradan incluso más abajo de la condición de animales.

Se pueden producir grandes efectos incluso sobre las mentes de otros por medios que están dentro del ámbito del poder humano, a través de la buena educación, de la instrucción adecuada, de la persuasión, del buen ejemplo y por la disciplina de las leyes y el gobierno.

Que éstas han tenido frecuentemente grandes y buenos efectos sobre la civilización y desarrollo de los individuos y de las naciones, no se puede dudar. Pero qué oportunos efectos podrían causar si fueran aplicadas universalmente con la habilidad y dirección que alcanzan los límites de la sabiduría y del poder humano, no se puede concebir fácilmente o a qué grado pudiera ser llevada la felicidad de la sociedad humana y el desarrollo de la especie.

¡Qué noble, qué divino empleo del poder humano se nos asigna aquí! ¡Cómo debería elevarse la ambición de los padres, de los instructores, de los legisladores, de los magistrados, de cada hombre según su estado para contribuir según la parte que le corresponda al cumplimiento de tan glorioso fin!

El poder del hombre sobre su propia mente y la de otros, cuando la llevamos hasta su origen, está envuelto en la obscuridad no menos que su poder de mover el propio cuerpo y el de otros.

En qué medida somos propiamente causas eficientes, en qué medida causas ocasionales, no puedo pretender determinarlo.

Sabemos que el hábito produce grandes cambios en la mente, pero cómo lo hace no lo sabemos. Sabemos que el ejemplo tiene un poderoso efecto y, en los primeros periodos de la vida, casi irresistible, pero no sabemos cómo se produce este efecto. La trasmisión del pensamiento, el sentimiento y la pasión de una mente a otra tiene algo en ella tan misterioso como la trasmisión del movimiento de un cuerpo a otro.

Percibimos que un evento sigue al otro según leyes establecidas de la naturaleza y estamos acostumbrados a llamar causa a la primera, y al último, efecto, sin saber cuál es el lazo que los une. Para producir cierto evento usamos medios que, por las leyes de la naturaleza, se conectan con tal evento, y nos llamamos a nosotros mismos causa de tal evento aunque otras causas eficientes puedan haber tenido el motivo principal en su producción.

Enteramente, el poder humano, en su existencia, alcance y ejercicio, depende enteramente de Dios y de las leyes de la naturaleza que ha establecido. Esto debería desvanecer el orgullo y la arrogancia de los más poderosos de los hijos de los hombres. Al mismo tiempo, el grado de poder que hemos recibido de la generosidad del Cielo es uno de los más nobles regalos de Dios al hombre, del cual no deberíamos ser inconscientes, al cual no deberíamos ser desagradecidos y el cual debería movernos a hacer un uso adecuado de él.

El alcance del poder humano se ajusta perfectamente al estado del hombre, un estado de desarrollo y disciplina. Es suficiente estimularnos a los más nobles ejercicios. Por el ejercicio adecuado de este regalo de Dios, la naturaleza humana, tanto en los individuos como en las sociedades, puede ser elevada a un alto grado de dignidad y felicidad, y la tierra llegar a ser un paraíso. Por el contrario, su perversión y abuso es la causa de la mayoría de los males que afligen a la vida humana.

ÍNDICE

Fotocomposición
Encuentro - Madrid
Impresión
CLM - Madrid
Encuadernación
AGA - Madrid
ISBN: 84-7490-764-0
Depósito Legal: M-33.000-2005
Printed in Spain